普通高等院校创新创业教育系列丛书

大学生创业能力发展：
理论与实践

陈海蛟　陈　鸿　主　编

侯先成　副主编

清华大学出版社

北　京

内 容 简 介

本书通过提供创业知识与实践策略，助力大学生创业能力的培养。本书内容系统全面，涵盖创业思维、创新能力、团队合作、问题解决和市场洞察等关键要素。借助丰富的实际案例与深入分析，学生可以了解创业过程中的挑战和成功要素，并从中获得宝贵的经验和启示。本书融合商业管理智慧、市场营销策略、创新管理精髓和团队领导艺术等多领域的理论和实践，将创业能力培养与市场需求、学科现状及创业者 AI 能力训练相结合，提供系统化的学习框架和练习活动，引导读者投身实践，鼓励深度反思，加强创业能力，深化创业认知。本书可作为高等院校本、专科创新创业教育的通用教材，还可作为大众拓宽视野、增长知识的自学用书。

图书在版编目(CIP)数据

大学生创业能力发展：理论与实践 / 陈海蛟, 陈鸿主编. -- 北京：清华大学出版社, 2025. 1. -- (普通高等院校创新创业教育系列丛书). -- ISBN 978-7-302-67735-2

Ⅰ. G647.38

中国国家版本馆 CIP 数据核字第 202499NU87 号

责任编辑：高　姗
版式设计：思创景点
封面设计：周晓亮
责任校对：马遥遥
责任印制：刘　菲

出版发行：清华大学出版社
网　　　址：https://www.tup.com.cn, https://www.wqxuetang.com
地　　　址：北京清华大学学研大厦 A 座　　　　　　邮　　编：100084
社 总 机：010-83470000　　　　　　　　　　　　邮　　购：010-62786544
投稿与读者服务：010-62776969, c-service@tup.tsinghua.edu.cn
质 量 反 馈：010-62772015, zhiliang@tup.tsinghua.edu.cn
印 装 者：三河市天利华印刷装订有限公司
经　　销：全国新华书店
开　　本：185mm×260mm　　　印　　张：10.75　　　字　　数：205 千字
版　　次：2025 年 1 月第 1 版　　　印　　次：2025 年 1 月第 1 次印刷
定　　价：49.00 元

产品编号：104481-01

前　　言

　　大学生创业能力发展是新时代教育的重要组成部分，是推动社会经济发展的重要动力。创业不仅是实现个人梦想和价值的重要途径，更是实现社会创新和进步的关键。党的二十大报告提出，完善促进创业带动就业的保障制度，支持和规范发展新就业形态。随着国家对创新创业教育的重视，大学生创业已经成为社会关注的热点之一。然而，创业并非易事，需要综合运用多方面的知识和技能，包括市场分析、团队管理、产品开发、商业模式设计等。

　　创业能力发展是一门建立在管理学、经济学、社会学等学科基础上的应用学科，是创业实践的产物。随着互联网、大数据、人工智能等现代科学技术的发展，创业环境日益复杂，竞争也愈发激烈。在这样的背景下，系统的创业教育显得尤为重要。然而，当前我国在创业教育方面的研究和实践还相对滞后。编者近年来一直从事创业教育工作，深感创业教育教材建设与完善的必要性和紧迫性。为了满足大学教学和创业培训的需要，我们组织力量编写了本书，力求为大学生创业教育提供一本全面、系统的教材。

　　全书共七章，从创业者的角度，按照创业活动的程序，对涉及的创业理论与实践进行系统的阐述。

　　第一章探讨了创业方向的选择，包括自我认知在创业中的作用、如何识别和选择创业机会，以及创业与创新的关系。通过对创业赛道的感知、发现和创造过程的介绍，帮助创业者明确自己的创业方向和略径。

　　第二章关注创业项目的生存和成功因素，包括 SWOT 分析的应用，用户获取的策略，核心竞争力的打造，高能产品规划的制订，创业场景的定位、打造和提升等，帮助创业者在竞争激烈的市场中站稳脚跟。

　　第三章讲述如何在创业竞争中脱颖而出，内容涵盖竞争对手分析的步骤、营销链路的建立和优化，以及通过数据分析评测营销链路的效果，帮助创业者有效应对竞争挑战。

　　第四章介绍了如何构建和验证商业模式，包括复盘与评估的作用、商业模式构建的方法、创意转化为商业模式的过程、商业模式创新的风险防范，以及商业模式的验证与落地策略，为创业者提供系统化的商业模式设计和实施指导。

　　第五章探讨了创业项目的成长和扩展，包括团队建设、市场需求获取、产品成长的驱动因素、产品成长管理的技巧、数字化设施的建设和应用，以及产品单元的打造。通过这些内容，帮助创业者实现持续增长和优化。

　　第六章强调了 AI 在创业中的重要性，介绍了 AI 原理与工具使用方法，探讨了 AI 在营销、运营、工作效率提升和问题解决中的应用，帮助创业者掌握 AI 技能，提高创业效率和竞争力。

　　第七章对全书内容进行系统的梳理，回顾了创业的核心要素和应用实例。通过对创业深度理解和实际应用的总结，帮助读者整合所学知识，巩固和提升创业能力。

本书的特点及创新体现在以下几个方面。

(1) 结构设计合理、体系完整，具有较强的系统性。本书以创业活动的程序和相关内容为主线设计创业管理内容体系，力求直截了当、系统且全面地介绍创业的基本理论、基本策略和技巧。

(2) 内容丰富。本书不仅涵盖了创业者从事创业活动所要掌握的基本理论、基本策略与基本技能，还介绍了当今创业管理理论的新领域与新概念。同时，结合 21 世纪的时代特点，从战略高度重新审视了创业管理理论体系。

(3) 理论联系实际。本书理论精练，充分融汇了创业管理的最新理论成果，有效地联系创业管理的实践，并结合我国国情，力求在展现理论深度的同时便于读者在实际操作中灵活运用，注重学生的操作能力和实践能力的培养。

(4) 前瞻性强。本书对创业及创业管理的新趋势进行了研究，如对多重创业渠道、复合关系创业、系统创业、团队创业的研究。

(5) 课程德育融合。本书根据课程内容，融入习近平新时代中国特色社会主义经济思想、社会主义核心价值观、中国商业文化、职业理想与职业道德等方面的内容。

(6) 广泛的适用性。本书针对高等院校课程的设置及高校培养学生的创新能力和实务操作能力的要求编写，可作为高等院校本、专科创新创业教育的通用教材，还可作为大众拓宽视野、增长知识的自学用书。

本书提供了丰富的教学资源，包括教学课件、教学大纲、教学进度表及扩展资料等，读者可通过扫描右侧二维码获取。

教学资源

本书由多位从事创业教育与研究的专家学者编写，在此向为本书付出努力的同仁表示衷心的感谢。书中不当之处，敬请读者批评指正，提出宝贵意见。

编　者
2024 年 12 月

目　录

绪论 沿着创业路径前进

我们将创业者自然而然形成的标准行为路径称为创业路径。失败的创业者各有各的不同，成功的创业者取得成功的逻辑都是相似的，值得借鉴和学习。

一、认知大学生创业能力

站在创业路径的起点，我们先问问自己：撇掉商业模式，不看竞争对手，不考虑市场因素，我真正想做的是什么？什么能让我干到 60 岁，甚至更久？

如果你敢于正视自己的想法，敢于让自己的想法付诸实践，亲手创造人生，恭喜你，你可以踏出创业的第一步，正式成为一名创业者。

创业虽始于热爱，但由于创业过程中充满挑战和不确定性，所以创业成功率普遍较低。为了尽可能帮助创业者在创业过程中少走弯路，提升创业成功率，我们致力于全方位展现成功创业者的创业路径，总结创业失败的教训，分析创业成功的关键因素，梳理创业成功的核心逻辑，绘制出一条高效、实用的"创业路径"。

从梳理创业要素是否符合完备自洽的商业逻辑，到验证创业者认定的商业逻辑在真实的商业环境中是否可行，再到对产品进行规模化复制，创业路径分为 5 个阶段，即创业方向、创业生存、创业竞争、商业模式建立、创业成长。

(1) 创业方向。创业初期，创业者需要认知自我，从核心优势及兴趣、项目创新、项目赛道三个方面进行考量，初步确定创业方向。

(2) 创业生存。按照已设定的创业方向挖掘用户市场需求，确定创业场景，然后开始走上创业之路。从此时起，企业开始研发单位产品(以最低成本实现核心功能的产品)，发挥自身优势参与竞争，实现单位环节内的生存闭环。当产品逐渐形成收益、稳定地覆盖企业的所有成本时，创业企业形成了"用户→核心竞争力→产品→场景"这个正向的单位产品生存闭环。

(3) 创业竞争。创业项目实现单位产品生存闭环后，开始深度参与市场竞争。在这个阶段，创业者要寻找或创建最优的销售渠道，提高销售终端触达用户的能力，提高核心竞争力，迭代升级产品。此时，创业企业形成了"产品→销售渠道→销售终端与场景→用户"这个单位竞争闭环。

(4) 商业模式建立。创业企业在单位竞争闭环的基础上构建商业模式，并通过不断地验证，使其真正落地。商业模式成功落地是创业项目发展的重大里程碑。

(5) 创业成长。商业模式落地后，企业通过数字化应用解决大规模复制问题。

二、如何培养大学生创业能力

本书将创业能力与市场需求、学科现状及创业者 AI 能力训练相结合，助力培养大学生创业能力。创业者可以重复推演创业路径，对创业要素进行调整，构建商业模式，并不断迭代升级；通过创业实训练习，整理出属于自己的创业成长档案，并通过系统内导师的指导，更深刻地认识创业所需的完整的逻辑体系，从而对未来自己的创业路径进行规划，尽量减少失败的可能性。

第一章　创 业 方 向

- 提升对创业方向的认知。
- 学会构建创业方向框架，进行创业价值分析。

一 创业方向

1 创业自我认知

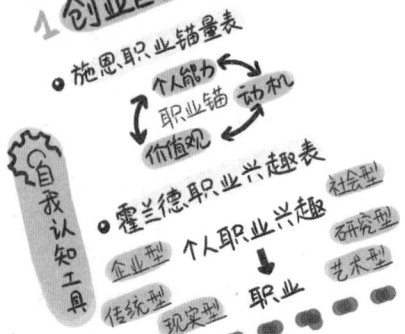

- 施恩职业锚量表

个人能力 职业锚 动机 价值观

- 霍兰德职业兴趣表

个人职业兴趣 → 职业

社会型 研究型 艺术型 企业型 传统型 现实型

自我认知工具

创业者应具备的素质和能力

- 诚信品格
- 创新意识
- 冒险精神
- 坚毅性格
- 决断能力
- 务实态度
- 学习能力
- 团队意识

2 创业机会与商业机会

科技引领行业发展趋势
商品行业发展趋势
商品科技发展趋势

3 创业机会的来源

内部推动 外部选择

| 环境变化 | 创新变革 |
| 市场趋势 | 顾客需求 |

5 创业赛道的选择

③创造过程
是感知需求后所产生的需要
与市场需求和资源配置进
行综合匹配

②发现过程

创业市场需求 · 资源匹配度

①感知过程
通过感知形成整体
联系 需求 解决方案

外在因素

- 行业宏观趋势
- 市场竞争情况
- 产业链整体完整度
- 风口

内在因素

- 先前经验
- 专业知识
- 社会关系网络
- 创造性

4 影响机会识别的关键因素

特点：滞后性 周期性 时效性

- 社会需求性
- 综合性
- 持续性
- "性价比"高

6 创业与创新

特点：依赖性 不确定性 循环制约性 复杂性 风险性

技术创新
相互依存 相互促进
产品创新 ↔ 产品研发

特点：

第一节 创业自我认知

课程目标

- 认清创业定位。

- 学会自我分析与评价。

创业前，创业者要先了解成功创业者具备的素质和能力，对自己的能力进行评估，然后设法提升自己的能力。除了素质和能力，创业项目的成功通常还与创业者的核心特长或兴趣爱好相关，创业者需要寻找或者培养它。

一、自我认知的几个工具

创业者可借助以下工具洞悉自身的核心优势及兴趣所在，从而在布满荆棘的创业道路上展现出更加坚实的竞争力和卓越的耐受力。

1. 施恩职业锚量表

施恩职业锚量表(career anchor questionaire)是国外职业测评运用最广泛、最有效的工具之一。职业锚量表是一种职业生涯规划咨询、自我了解的工具，能够协助组织或个人制订更理想的职业生涯发展规划。

施恩职业锚量表测试

所谓职业锚，又称职业锚点。锚，是使船只停泊定位用的铁制器具。职业锚，是指职业生涯中那个即便面临重大抉择也绝不轻易舍弃的，至关重要的核心要素。这实际上就是人们选择和发展自己的职业时所围绕的中心。

职业锚也是自我意向的一个习得部分。个人进入早期工作情境后，职业锚由习得的实际工作经验所决定，与在经验中自省的动机、价值观、才干相符合，是达到自我满足和补偿的一种稳定的职业定位。职业锚强调个人能力、动机和价值观三方面的相互作用与整合。职业锚是个人同工作环境互动作用的产物，需要在实际工作中不断地进行调整。

2. 霍兰德职业兴趣表

霍兰德职业兴趣自测(self-directed search)是由美国职业指导专家霍兰德(John Holland)根据他本人大量的职业咨询经验及其职业类型理论编制的测评工具。

霍兰德职业兴趣表测试

霍兰德认为，个人职业兴趣特性与职业之间有一种内在的对应关系。根据兴趣的不同，人格可分为研究型(I)、艺术型(A)、社会型(S)、企业型(E)、传统型(C)、现实型(R)6 个维度，每个人的性格都是这 6 个维度的不同程度的组合。

二、创业者应具备的素质和能力

1. 诚信品格

实践证明，真正成功的企业家都把诚信看得非常重要。做事先做人，做人须诚信。"人无信而不立"，没有诚信很难在商场立足。

2. 创新意识

创新是市场竞争的不败法则，创新是持续经营的永恒内核。创新意识可以使创业者激发潜能，突破陈规，实现"柳暗花明又一村"的新局面。

3. 冒险精神

创业与风险、困难始终相伴，没有风险就没有创业，只有敢于冒险并发现机遇者，创业才有可能成功。

4. 坚毅性格

创业中的艰难险阻、挫折失败是家常便饭，坚毅的性格和永不言弃的精神是创业者面对挫折失败能够坚持下去的精神源泉，是创业成功的必要支撑。

5. 决断能力

市场瞬息万变，机遇总是稍纵即逝，创业者瞻前顾后，犹豫不决，会错失来之不易的机会。创业成功的关键在于能够迅速地判断形势，并做出决断，把握机遇。

6. 务实态度

创业是一项需要全身心投入的事业，只有秉持务实的态度，才能在创业中取得成功。务实认真地做好自己的产品和服务，取得消费者的认可和信赖，是企业能够实现持续经营、长盛不衰的根本保证。

7. 学习能力

知识经济时代，对于创业者来说关键不是已经具备了多少知识和能力，而是要有很强的学习能力。学习的价值在于培养创业者适应社会变迁的能力和习惯，使之能够紧跟市场的风向和时代变化。

8. 团队意识

个人英雄主义的时代已经过去，凝聚创业团队的力量是实现创业成功的前提和基础，团队意识是企业持续发展的核心所在。

第二节　创业机会与商业机会

课程目标

- 区分创业机会与商业机会。
- 学会识别创业机会。
- 学会捕捉商业机会。

创业机会是从属于商业机会的，只有拥有商业机会，才能选择创业的正确赛道。商业机会无论大小，从经济角度分析，都可产出利益。同时，商业机会具有一定的更替性。当旧的商业机会逐渐被市场淘汰时，新的商业机会会随之而来。因此，在新旧商业机会交替时，也是选择创业赛道的关键时期。

"时势成就英雄"，相比于创业者不懈地努力与持久地投入，正确地选择创业机会更为重要。如果在创业前期所选择的创业赛道不符合未来的发展趋势，那么无论创业者在创业过程中如何努力，也很难获得成功。在科技领域中，新场景层出不穷，为何巅峰科技企业可以引领行业发展？这与前期创业机会的选择及商业机会的识别有着密不可分的关系。

案例 1-1　任正非的创业赛道选择之智慧

在创业的旅程中，每位创始人都必须面对一个重要的抉择：选择正确的赛道。作为华为创始人的任正非在赛道选择方面展现的智慧和洞察力，正是他成功的关键之一。

初期的困境与抉择

在创业的征程中，每位创始人都会面对一系列重要的抉择，其中最关键的抉择之一就是选择正确的赛道。这个决定将直接影响企业的发展方向和未来的成败。创业之初，任正非所面临的困境是多方面的，如资金匮乏、市场竞争激烈、技术水平相对滞后等。他通过仔细观察市场，分析通信设备行业的发展趋势和潜在机会，最终决定将华为的业务定位在通信设备领域。这个决定的背后是对市场的深刻洞察和对企业自身实力的客观评估。

随着信息技术的不断进步和全球通信需求的增加，这个行业具有巨大的潜力和发展空间。这种对市场趋势的敏锐把握使得华为得以紧跟时代的步伐，始终站在行业发展的前沿。

技术实力与市场定位的结合

任正非的成功体现在对技术实力和市场定位的合理结合。华为始终将技术创新放在战略的核心位置，不断加大研发投入，提升自身的核心竞争力。他深知，要想在激烈的市场竞争中立于不败之地，必须拥有领先的技术和创新能力，以确保华为在产品质量和性能上始终领先于竞争对手。

与此同时，他还深谋市场定位，根据不同的市场需求和竞争态势，制定相应的产品策略和营销策略。技术与市场的双管齐下，使得华为能够在全球范围内建立起强大的品牌影响力，赢得广泛的市场认可。

赛道选择的果断与坚持

任正非在赛道选择的果断与坚持上展现出了非凡的智慧与勇气。在面对种种挑战和困难时，他从不动摇，始终保持对目标的清晰认识，并全力以赴地朝着目标前进。正是这种果断和坚持，让华为得以在通信设备领域取得长足的发展，最终成为全球知名的科技巨头。

他的成功经验告诉我们，选择正确的赛道是成功的基础，但只有坚持不懈地努力，才能走得更远。在今天激烈竞争的商业环境中，我们可以从他身上学到很多，不断探索、不断前行，才能在自己选择的领域取得更大的成就。

资料来源：根据网络资料自行整理。

相较于在有限的领域持续耕耘，选择正确的赛道更有助于创业成功。我们在创业时，应识别商业机会，选择创业机会，找准赛道，把握机会，勇于创新，开辟新径。一旦发现新兴行业、新兴领域具有投资价值与创业价值，要快速捕捉行业动态，了解所处竞争环境，这样才能抓住成功的先行条件。

第三节 创业机会的来源

课程目标

- 识别创业机会的来源。
- 了解创业机会如何产生。

无论是生产产品，还是提供服务，都须精准对接市场消费需求，唯有如此，才能奠定成功创业的基石。创业机会的来源有环境改变、创新变革、顾客需求与市场趋势等。在寻找创业机会时，只有识别出创业机会的来源，才能在商业环境发生变化时，以适合的方式迎接创业机会的到来，紧紧抓住机会，步入成功。

1. 环境改变

科技革命和产业变革大循环下所创造的科技创新趋势，让创业市场环境不断变化。商业环境的改变会导致创业机会增多，当商业环境趋于平稳时，创业机会也将趋于饱和。只有突破当前的稳定环境，才能寻求到新的创业机会。环境改变一方面是外界选择，另一方面是内部推动。例如当某一领域已经趋于饱和状态时，必然会出现可以打破这一饱和局面的商业模式。当商业环境长期处于混乱的状态时，也会形成以某种科技或某种商业力量为核心的创新方式，改变创业环境的混乱局面。环境的改变与商业模式的发展存在一定的关系。当原有的商业环境不能满足当前的市场消费需求时，在市场消费需求的内部拉动下，外界环境产生改变，此时是创业机会来临的重要时期，创业者如果能够在市场发生改变时快速识别商业机会，找准创业定位，则创业成功的概率会更大。但是，环境改变是一个循序渐进的过程，在对商业机会的来源进行判断时，环境改变只是一个外界因素，真正促使创业机会产生的因素有很多，如外界环境、消费者选择、自身产品、自身能力等。

2. 创新变革

创新变革主要体现在：在产品服务领域中所应用的技术方法发生改变，技术变革驱动产品生产，以及服务质量的提升。行业或者市场当发生创新变革时，需要新技术、新商业模式作为支撑，此时也是创业机会到来的重要阶段。如果能够把握好创新变革的交替阶段，寻找下一阶段的商业机会，那么就可以做出精准的选择，抓住创业机会。创新变革中所产生的创业机会主要源于创造发明。创造发明可以简单地理解为我们在创业过程中所提供的新产品、新服务等，新产品与新服务的产生是为了更好地满足客户需求，为企业及创业者带来更多的商机。我们已经处于一个知识经济的时代，新技术与新知识出现后会带来新的创业机会，此时，不要盲目地寻求大众项目，而是要洞察创新变革的行业趋势，找到适合自己的创业项目，找准创业机会。当创业机会产生时，应快速分析促成创业机会所需要的因素及条件，牢牢把握住创业机会，踏上创业成功的道路。

3. 顾客需求

顾客需求既可以表现为需要某种产品，也可以表现为需要获取其特定领域的某种服务。当顾客需求产生后，会触发新的创业机会。顾客需求并不是一成不变的，与市场环境、技术变革、知识创新等都紧密相关。当外界市场环境中的技术发展到某种先进程度时，客户需求也会随之提升。例如，我国改革开放初期国民经济水平较低，这一时期顾客需求主要体现在物质层面上，如衣食住行等。进入 21 世纪，我国国民经济水平飞跃增长。顾客需求也逐渐由注重物质追求转变为注重精神享受。在产品及服务的选择中，顾客会考虑更多精神方面的价值因素，创业机会的出处也由初期的消费市场逐渐转变为健康市场、教育市场及娱乐市场。创业机会是在顾客需求产生后所形成的，如果客户需求已经完全形成，那么创业机会也会逐渐减少。在客户需求形成初期，如果能够掌握市场先机，此时的创业机会是最大的，也是最具备创业成功条件的。

4. 市场趋势

市场趋势是创业机会来源的主要因素。在对市场趋势进行分析时，我们首先确定具体的市场领域，明确什么领域最具有发展前景；然后，运用软件对市场趋势进行分析，预测市场未来发展机遇，以及市场未来发展中的消费者数量、产品需求量、产品销售前景、创业风险等。唯有如此，才能够牢牢把握创业机会中的趋势性机会。未来，产业发展的重心将会向科技创新与产业升级方面转变，同时，服务业与智慧产业也将迎来极大的发展空间，这将成为我国未来一段时间内创业机会的主要来源。牢牢把握住科技创新与产业升级两大核心动力，在创业机会识别中也将占据先机，更科学地分析出创业机会的产生来源。在对某一市场进行发展趋势分析时，不应该局限在这一行业领域，还需要关注上下游企业的发展机会。例如，在美团的创业发展历程中，美团初期通过线下推广的形式进行广告招标；随后，逐渐与大众点评网合并，形成了美团点评，并拓展到外卖领域，不断突破，获得了巨大的成功。在整个发展过程中，美团牢牢把握市场趋势，顺应市场发展前景，不断对企业发展方向进行调整，最终成为互联网企业巨头之一。

第四节 影响机会识别的关键因素

课程目标

- 了解影响创业机会的因素。
- 明确创业机会识别的规则。

影响机会识别的关键因素可以分为外在因素与内在因素。其中，外在因素可以细分为行业宏观趋势、市场竞争情况、产业链整体完整度、风口等方面；内在因素可以细分为先前经验、专业知识、社会关系网络、创造性等方面。

一、影响机会识别的外在因素

1. 行业宏观趋势

创业者在对创业机会进行识别前，应多翻阅各种行业报告，了解行业的相关历史与未来前景，初步掌握行业宏观发展趋势。我国经济与科技发展至今，市场产生了无数的创业设想与创业机会。创业机会与创业风险并存，在进行创业机会识别时，如果未能充分考量并顺应所处的产业趋势，将会对准确识别创业机会造成不利影响。

2. 市场竞争情况

创业者在识别创业机会时，需要掌握市场竞争情况，了解所处行业的主要竞争现状及市场格局情况，以更精准地定位自身进入该行业的时机与方式。若当前市场竞争激烈，我们可以另辟新径，识别其他创业机会。由此可见，市场竞争可促使产生其他的创业机会。除此之外，市场竞争会激励企业或创业者在识别创业机会的过程中，着力构建并展现出差异化的核心竞争力。同时，市场竞争情况是动态的，如果某一领域市场进程处于稳定状态，已经形成了几家大型企业的垄断局面，那么新进创业者很难瓜分市场份额。如果某一领域中的市场竞争正处于激烈的震荡时期，此时创业机会将增加，同时创业机会识别的难度也会增大，创业者要认清局面，了解市场竞争的引发原因及市场竞争的最终走向，以在市场竞争中对创业机会进行精准、快速地定位与识别。

3. 产业链整体完整度

诸多创业机会与商业机会其实只是产业链条中的某一个环节，应抓住产业链条中的某一个环节或者某一个关键节点，并对整个产业链条进行分析，这将有助于我们更好地了解行业特征，对创业机会识别得更加精准。因此，产业链的完整程度会直接影响我们能否精准地识别创业机会。例如，我们在识别创业机会的过程中，如果所处领域的产业链比较完整，那么往往新进企业的机会会相应减少，可供分析的动态因素有限，这就增加了创业机会识别难度。如果新兴行业产业链条尚未完整形成，产业链条中拥有诸多缺口等待补齐，那么在对创业机会进行识别时，可供选择的方向就会更多。当然，若要分析与识别产业链条完整度，我们还需要结合软件与数据进行系统化的推理，以了解产业链条的形成原因与未来发展趋势，以及形成行业或者领域内完整产业链条的关键因素。在掌握这些核心特征后，才能够对产业链条的完整度做出准确评价，并根据产业链条完整度进一步展开创业机会识别的可行性分析。

4. 风口

风口是我们在创业机会识别时常常会出现的一个名词，但究竟什么是风口呢？我们可以将风口理解为技术创新或者商业模式创新后所引发的一个新的产业浪潮。风口是对原有产业模式的变革与重组，也是资本投资中追随的热点。在创业过程中遇到风口或正处于风口之中时，很多创业者往往会急于寻求创业机会，而忽略风口所带来的风险。风口是对创业者的重大考验，在风口浪潮下，如果创业者能够保持理性，势必可以把握住创业机会识别的一大良机；如果创业者失去理性，那么会容易增加其自身的创业风险性，使创业者难以把握风口下的资本助推风险，不仅影响创业机会的识别，还会导致创业失败，或者对初成规模的创业体系造成巨大打击。

在风口之下，理性属于稀缺条件；在创业机会识别过程中，理性又是最为关键的因素。因此，在风口影响下，创业机会识别的难度会增大，若能够在风口之下保持理性，则将提升所识别的创业机会转化为成功实践的概率。

二、影响机会识别的内在因素

1. 先前经验

每个创业者所面对的创业机会都是平等的，但能否识别创业机会并有效把握运用，与创业者的先前经验紧密相关。先前经验并不意味着一定要在某领域中有成功的创业经验或者从事该行业较长时间，也包括创业者在创业机会识别之前所进行的前期调查。例如，我们目前进行的创业知识学习，也可以理解为是一种先前经验，积累足够的理论经验后，可以将其运用到实际中。在实践调查中可以了解到，约70%的创业机会都是在复刻或修改以前的想法或者创意。因此，在创业机会识别之前，创业者心中是否有准备、是否对行业充分了解等，都会影响最终的机会识别能力。虽然创业者在进入创业实践前拥有无数次的想法或者创意，但最终能否将其转换为全新的创业机会，也与个人能力及先前经验有直接联系。创业者在前期创业准备时，要时刻把握行业先机，通过知识学习、软件运用等丰富自身经验，使创业计划开展前能够拥有丰富的理论知识与充足的时间准备，这样处于创业风口下才不会慌张。

2. 专业知识

在创业机会识别过程中，如果具备某一领域的专业知识，便能更警觉且敏感地捕捉到创业机会。例如，计算机工程领域的专业人员在创业时，对于计算机行业的机会识别会明显高于会计或者律师及其他行业。因此，专业知识是影响创业者创业机会识别的主要内在因素。在现实生活中，往往人们会有以下共识：跨行业创业很难成功；在实际创业过程中，往往不是单打独斗，而是团队作战。因此，我们在对专业知识这一因素进行分析时，不应该仅仅从创业者自身角度进行分析，更应该考虑创业团队组建过程中内部成员的专业知识。以亚马逊创业史中的团队打造为例，在构建物流中心时，其以沃尔玛的专业物流人才作为团队核心，使团队整体专业知识水平得以明显提升，这也是促成亚马逊平台创业成功的内在因素之一。在具体创业机会识别与运用中，对于专业知识的强化及补充，可以通过自身学习，也可以通过打造高专业知识水平的团队来实现。

3. 社会关系网络

创业者所处的社会关系网络会对创业机会识别产生深远的影响，这已经成为一个公认且不争的事实。社会关系网络关系到创业者对信息的获取能力，创业机会的识别很大程度上取决于创业者自身对信息的掌握能力。相较于拥有少量社会关系网络的创业者，那些建立了广泛社会关系网络的创业者，更容易获得创业机会。社会关系网络的选择与构建与创业者自身所倾向的创业领域紧密相关。例如，创业者是从事计算机领域的，并且对计算机领域创业机会更感兴趣，那么无论是日常工作接触，还是关系选择，其都会更侧重于计算机领域。创业者所处的社会关系网络是由大量的行业工作者及专家组成的，创业者通过社会关系网络可以更精准地捕捉创业机会。如果创业者可以利用的社会关系网络较少，那么即使所处领域中拥有较多的创业机会，由于自身对机会的识别与运用能力有限，也很难精准定位创业目标。可见，社会关系网络决定了创业机会识别能力及最终的创业成功概率。因此，我们在前期创业机会识别时可以利用软件完成社会关系网络的模型建立，了解自己在接下来的创业选择中所需要的社会关系网络，这样可以更好地对社会关系进行识别与选择，从而为创业机会识别打造良好的社会关系网络基础。

4. 创造性

创业机会的识别，也可以理解为一个创造的过程，即反复地将创造性思维进行凝结，与所选择的创业行业相结合，从而精准捕捉创业机会。在创业机会识别中，创造性是内在影响因素之一。创造性自身的涵盖范围比较广泛，不仅体现在创业者所处的特定专业领域，更与创业者自身的创造性思维紧密相关。创业机会往往是头脑中所闪现出的一个想法，这些偶尔闪过并且十分巧妙的想法，便是创造性思维的具体体现。如果能将创造性思维运用到创业机会识别中，将提高创业机会的识别能力。不具备创造性的创业者，在创业机会的识别及选择过程中，无论投入多大努力，获得的成效都微乎其微。创造性与个人的思维习惯有关，但也并不完全是与生俱来的。创造性是可以后天培养的。例如，在从事某一行业工作时，不要局限在单一的行业领域内，要在从事某一行业的同时，与其上下游产业相联系，考虑行业的长期发展与未来走向。这样有助于养成创业者的创造性思维，也可以在日常工作或者学习中识别到更多的创业机会，使自身的创业嗅觉更加敏锐。

第五节　创业赛道的选择

课程目标

- 认知创业赛道。
- 学会选择创业赛道。

选择创业赛道是创业成功的第一步，也是走向创业道路最为关键的基石。我们将选择创业赛道的过程概括为感知过程、发现过程与创造过程。

案例 1-2　黄峥的拼多多创业史

黄峥，一位曾在 Google 中国工作过的年轻人，一个普通的程序员。2015 年，黄峥和他的团队创立了拼多多，这是一个基于社交平台的团购电商平台。该平台通过社交分享的方式，让用户在购买商品时邀请好友一起参团，以获得更高的折扣，从而形成了"人人都是老板"的理念，打破了传统线上购物的购买方式。

创办拼多多之初，黄峥面临着诸多挑战。首先，中国的电商市场已经被阿里巴巴和腾讯等巨头垄断，竞争异常激烈；其次，传统的电商模式已经相对成熟，很难通过传统的定位和运营方式突围；再者，团购模式在过去已经出现过一些失败的案例，市场对此类模式持有质疑态度。

在面对这些挑战的时候，黄峥和他的团队作出了一系列明智的决策。首先，他们意识到社交因素对于用户购物行为的影响，因此将团购与社交相结合，通过用户之间的分享和邀请，实现了用户裂变增长；其次，他们在商品选择和价格上具有较大的优势，大量的拼团用户带来了更大的流量，从而吸引了更多的卖家入驻，形成了良性循环；最后，他们采取了强烈的补贴策略，吸引了大量用户和商家，快速扩大了市场份额。

通过不断地努力和创新，拼多多迅速崛起，并在短短几年的时间里成为中国第三大电商平台，市值超过百亿美元。它不仅为消费者提供了更多实惠的购物选择，也为生产厂商和品牌商家创造了更多的营销渠道。

黄峥和拼多多的成功，正是对传统电商模式的一次颠覆和创新。他选择了一个充满挑战的赛道，但通过正确的战略和决策，成功地在竞争激烈的市场中脱颖而出。他的成功经验告诉我们，创业并不一定要选择已有成功案例的赛道，时刻保持创新意识和勇气，有可能开辟出一条全新的商业路径。

在选择创业赛道时，我们可以借鉴黄峥的经验，不断寻找市场的空白点和挖掘用户的需求，尝试不同的创新模式，勇于尝试和接受失败，相信自己的判断和能力，坚定地走自己的路。正如黄峥一样，他选择了困难但有潜力的社交电商赛道，最终取得了巨大的成功。希望这个案例能给您在创业赛道选择上带来一些启发和帮助。

资料来源：根据网络资料自行整理。

一、感知过程

创业赛道选择过程中的感知过程可以从两个层面进行认知：一是对市场需求的感知，二是对未能得到充分利用资源的感知。一些创业者能够敏锐地发现市场需求，并察觉到当前市场供应链资源运营中所存在的问题，但对于自身所处环境中可以产生的新产品或者针对现存问题提出的新的解决方法却不能够有效认知，那么这一感知过程对于创业赛道选择而言也是无用的。因此，在感知过程中，需要形成需求问题感知与产品配套解决方案感知的整体联系。在进行这个感知过程的学习与掌握时，我们要重点认识未被利用的资源能否创造更多的价值。在各行业、各领域中，在进行创业赛道选择时会发现很多未被利用的资源，应通过正确的感知过程将这些资源与创业赛道相联系，区分出物质资源与人力资源，了解这些资源可以创造出的服务价值及经济价值。

二、发现过程

发现过程是创业赛道选择中最为关键的一个步骤，也是创业赛道选择能否成功的关键。在发现过程中，要重点感知所定位的创业市场需求与资源匹配度。例如，张朝阳在搜狐创业中，感知到互联网市场的发展前景与中国互联网市场的资源匹配度相联系，从而识别出中国互联网行业的创业赛道。在创业阶段，为了更好地感知及识别市场需求与资源，我们要对地区与产品之间的市场空间进行定位，充分了解自身对资源的优化配置能力。发现过程从理论层面理解可能比较抽象，我们可以与现实相联系，探究特定地区和特定产品的市场空间。从理论层面上可以将其概括为：当创业者发现某一领域中存在创业赛道，并且目前所配置的资源并没有达到最优状态时，他们可以创建新的企业或者拓展新的产品业务，以满足该领域行业的发展需求，这一过程便是创业赛道选择中的发现过程。

三、创造过程

创造过程从字面上很容易理解，也就是将一个商业概念或者创业概念通过一系列资源配置与资源调度运用，形成一个可以实践运行的创业赛道。从理论逻辑上进行分析，创造过程是在感知需求之后，将这一需求与可支配的人力、物力等资源进行整合，从而形成具有可操作性的创业赛道。同样以张朝阳的搜狐创业史为例，张朝阳在发现中国正处于互联网创业的黄金时期时，并没有急于回国，而是选择与当时美国的互联网公司构建合作关系，投放人力、物力等资源后，不仅解决了自己创业中的资金不足问题，还为搜狐积累了丰富的创业经验。正是这一阶段的创造过程，奠定了后续搜狐在中国互联网搜索引擎行业的成功。我们在对创业赛道进行识别时，重点是将机会识别与资源利用相结合。如果在创造过程中不能合理分配资源，选择正确的人力、物力投入模式，容易导致整个创业赛道选择过程失败，即使察觉到了创业先机，也难以将其转化为具体的创业机会。

第六节 创业与创新

课程目标

● 学会用创新思想构建创业机会。

● 明确创业中的创新元素。

一、产品创新与产品研发的内涵

产品创新是指第一次上市的产品、过去从未出现过的产品或对现有产品从主要结构、功能、特性等方面进行了较大改进的产品。产品创新也包括产品外观或内在设计、工艺及理念方面的创新。任何一个企业的生存都依赖于产品,而任何一个企业如果想有更好的发展,则依赖于产品创新,因为产品创新成功与否将直接影响企业的市场竞争能力。企业的产品创新,必须紧密围绕着企业产品这个核心要素来进行。产品创新的成功与否最终要通过新产品研发生产来反映,因此,企业必须对现有产品进行分析,对不同的产品施以不同的战略。

产品研发是为了应用新知识、新技术而进行的系统的创造性工作,指利用从研究和实际经验中获得的现有知识和技术,为了生产新的材料、产品和装置等,建立新的工艺、系统和服务,以及对已生产和已建立的上述各项进行实质性的改进而进行的工作。

二、技术创新、产品创新与产品研发的特点

从根本上说,技术创新、产品创新、产品研发的共同之处都是"新",技术创新注重的是从无到有这样一个创造过程,产品研发则侧重于利用创新出来的技术,而产品创新介于上述二者之间。

1. 技术创新特点

技术创新可以说是企业生存与发展的灵魂,是企业得以立于不败的核心竞争力。其一般包括工艺创新、材料创新、管理创新等。通常来说,技术创新具有以下几个

特点。

(1) 滞后性。技术创新的来源是技术发明，但往往由于实际技术的可行性问题、原材料、经济效益量化、科学管理评估等原因，从技术发明出现到技术创新实现还需要一段时间，这就客观上造成了技术创新存在着一定程度的滞后性。

(2) 周期性。技术创新从本质上来说不是改良，而是革命。根据任何事物都是发展变化的这一客观规律，技术没有任何一个具体形式会成为其最终模式。

(3) 时效性。技术创新是人类利用自己的智慧与经验，根据已有的技术，并结合当前的客观实际条件来实现的。

2. 产品创新特点

产品创新是使该产品从无到有或使其本身达到一个质的改变，是一个对新产品探索与创造的过程。通常来说，产品创新具有以下几个特点。

(1) 依赖性。产品创新不仅需要人的智慧，也需要相应的硬件设备，如资金、设备、场地等。产品创新对企业的技术、经济水平有着较大的依赖性，在不同环境和条件下，产品创新的期望效果、内容等也会不同。

(2) 不确定性。创新是一项技术探索活动，在未将创新行为转化为实际产品时，一切都还是未知数，在这一过程中，不可避免地具有较大的不确定性，包括技术的不确定性、创新投入的不确定性、市场的不确定性等。

(3) 循环制约性。创新从实质上说是对现有技术的继承和突破，其创新程度在较大程度上受到企业现有技术水平的制约；反过来说，创新行为又会促进企业的技术进步，创新是企业发展的原动力，是企业的核心竞争力。创新水平的高低将直接影响企业发展的好坏，甚至存亡。

(4) 风险性。产品创新本身就是一个机会与风险并存的活动。创新会受到企业技术条件、经营条件、内外环境、市场需求、相关政策等问题的影响，这些问题都会给企业产品创新带来一定的风险性。创新必须通过技术风险、商业风险、市场风险等关口，才能实现创新收益。

(5) 复杂性。产品创新从实质上包含了许多方面的内容，如技术创新、理念创新、外观设计创新、功能创新、管理创新等方面。某产品在上述诸多方面只要有一个或多个方面存在创新，便可以说实现了该产品的创新。

3. 产品研发特点

产品研发是企业产品创新中的一个重要组成部分，是企业求得生存和发展的关键条件，涵盖新产品构思、研制、生产的全过程。其主要特点如下。

(1) 社会需求性。社会需求影响着科学技术的发展，也制约着企业产品的研究与开发。企业的研究开发不仅可以满足社会需要，还可以推动社会的发展。

(2) 综合性。产品研发是将基础研究成果和应用研究成果用于生产实践当中，使新的科学技术原理转化为新产品和新工艺的实用研究，或是对老产品从性能、材料、生产工艺等方面加以改造，实现革新。在产品研发的过程中，需要综合多种技术和工艺，调动研发团队的每位成员共同完成一项研发任务。

(3) 持续性。新产品研发过程是持续的、动态的，因为环境、市场和组织是不断发展变化的，因此他们对新产品的影响也是不断变化的，即使某一特定产品在推出的那一刻甚至推出以后，仍然发生渐进式的变化。因此，应根据市场反馈，及时调整研发计划，以迅速地实施开发计划。

(4) "性价比"高。产品研发虽然前期投入较高，而且要有多项技术创新、工艺创新等作为基础和依托，但是由于产品研发的目的性较强，目标较为明确，因此比较容易在较短的时间内开发出成果，而且成功率较高，市场收益率也较高。

三、小结

通过技术创新来达到产品创新以占领扩大市场份额并最终获得利益是每个企业的梦想与追求。影响产品创新的因素很多，但其中技术因素尤为重要，成功的技术创新是产品研发、产品创新得以成功的前提和关键，但技术创新却不是产品创新的唯一因素，三者相互依存，相互促进。

第七节　通关练习

课程目标

- 在通关练习中巩固知识。
- 学会独立识别创业机会。

以"民宿"项目为例，分析创业潜质评估、确立创业项目、项目赛道定位、创新深度解析等模块。

【参考答案：以"民宿"项目为例】(见表 1-1 至表 1-3)

21

表 1-1　确立创业项目表

您想创立的项目	通过创建一个民宿预订平台，实现在线预订房间
最初的方向	"向当地人预订房间，而不是酒店"，主打本地风情，价格实惠
期望达成的目标	在线预订房间，让游客体验本地风情
能力	创建一个预订平台，实现互联网推广
项目名称	Airbnb 在线民宿预订
所属赛道	互联网
是否可以多个方向	否
方向在发展中是否可以调整	可以微调，不影响整体创业

表 1-2　项目赛道定位表

赛道领域与行业	互联网
赛道具体产品/服务	在线预订特色民宿
核心竞争力	旅行者省钱、房东赚钱
国家政策趋势	国家鼓励盘活利用农村集体建设用地
市场需求痛点分析	将精力过多地花费在预订房间，却忽视了体验城市风情
用户画像	青年人，大学生，喜欢旅游
创新	向当地人预订房间，而不是酒店，主打本地风情，价格实惠

表 1-3　创新深度解析表

技术创新	采用互联网技术、人工智能、区块链、分布式计算，搭建网络平台，保护用户隐私
产品创新	体验城市风情，并且价格比酒店的优惠
商业模式创新	采用租赁模式
心态	低成本试错
信息获取情况	请教行业大佬，进入行业圈层，或者通过阅读书籍获取
技术积累情况	具备平台搭建技术

第二章　创业生存

- 学会在创业环境中生存。
- 构建创业生存计划。

二 创业生存

1 创业项目的SWOT分析

增长型战略 (S+O)
扭转型战略 (W+O)   方法
多种经营战略 (S+T)
防御型战略 (W+T)

Strenths 优势
Weaknesses 劣势   步骤
Opportunities 机会
Threats 威胁

- 确认当前的战略
- 确认企业外部环境的变化（波特五力/PEST）
- 根据企业资源组合情况，确认企业的关键能力和关键限制
- 按照SWOT矩阵或类似的方式打分评价
- 将结果填写在SWOT分析图上

2 认知并获取用户

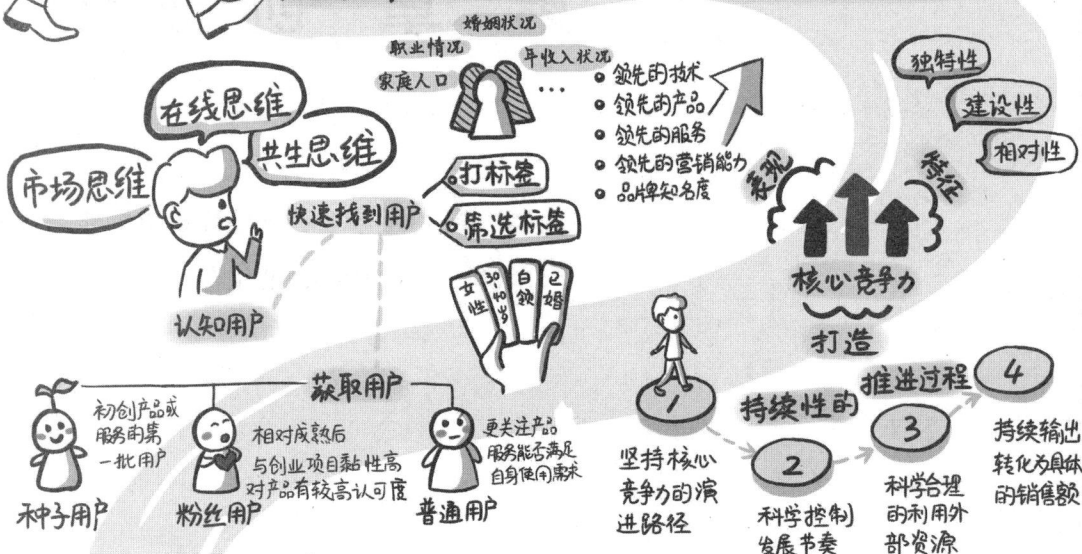

市场思维 在线思维 共生思维

认知用户

婚姻状况
职业情况 年收入状况
家庭人口 ...

打标签
筛选标签

快速找到用户

女性 30、40、50岁 白领 已婚

获取用户

种子用户 — 初创产品或服务的第一批用户

粉丝用户 — 相对成熟后，与创业项目黏性高对产品有较高认可度

普通用户 — 更关注产品服务能否满足自身使用需求

3 打造核心竞争力

独特性
建设性
相对性

特征

表现
- 领先的技术
- 领先的产品
- 领先的服务
- 领先的营销能力
- 品牌知名度

核心竞争力
打造

1 坚持核心竞争力的演进路径

持续性的

2 科学控制发展节奏

推进过程

3 科学合理的利用外部资源

4 持续输出转化为具体的销售额

4 制订高能产品规划

② 确定产品规划的前置信息

公司战略 用户需求价值
产品竞争力 ...

① 高能产品规划的打造思维
计划出产品的全生命周期

③ 高能产品规划方式
以关键目标为主体
以生命周期为主体

④ 输出产品规划
即产品规划工具包

⑤ 如何落地产品规划
产品/团队价值观的共识   规划好目标
明确人、岗、责、权   落实行进计划   搭建复盘的机制

5 创业场景

① 创业场景的概念
② 创业场景的价值
③ 定位高能场景

过新年 集五福

⑤ 提升高能场景
④ 打造高能场景

第一节 创业项目的 SWOT 分析

课程目标

● 掌握 SWOT 分析模型。

● 掌握 SWOT 分析流程。

一、SWOT 分析模型

　　SWOT 分析理论建立在企业内部环境与外界市场竞争环境综合态势分析基础上，将宏观市场环境与企业发展过程中的自身内部条件进行对比，确定外部环境中的机会与威胁；并从内部优势与劣势角度出发，帮助企业合理规划发展战略，消除外部环境中的威胁，把握市场竞争环境下带来的机遇，充分发挥自身优势，强化自身劣势。在分析调查的过程中，将各项影响因素相互匹配，确定企业经营过程中存在的最大威胁，以及内部最明显的劣势，通过优势与机会之间的组合为企业提供长期发展战略指导。最终的分析结果能够帮助企业确定在市场竞争环境中的主要竞争策略，为企业的战略部署提供相关支持。SWOT 分析方法不仅能够帮助企业确定自身竞争中的劣势，也能对市场竞争环境中的威胁因素进行识别，能够使企业规避风险，为加强战略管理提供有力指导，从而帮助企业在未来市场竞争环境中站稳脚跟。

二、SWOT 分析模型的应用方法

1. SW(优势与劣势分析)

　　SW 组合形式为优势与劣势分析，主要从企业发展过程中的内部环境角度出发，分析企业的各项状况及发展方向。通过综合分析后，可确定企业的优势与劣势，并在此基础上进行整合。只有充分了解企业发展过程中的自身情况，才能够在市场竞争中为企业提供科学、合理的发展战略指导。

2. OT(机会与威胁分析)

OT 组合形式为机会与威胁分析,主要针对企业发展过程中所处的市场环境进行分析,对市场环境带来的机会进行分析后, 与企业当前发展现状进行匹配,对企业未来发展可能会遇到的威胁进行概括与总结。企业只有在发展过程中充分了解自身实际情况,并能够对所处的市场竞争环境做出合理判断,才能在发展过程中利用当前的机会, 避免即将遭受的威胁。

3. SWOT 分析实践

SWOT 分析步骤大致为:

(1) 确认当前的战略;

(2) 确认企业外部环境的变化(波特五力模型或者 PEST 分析);

(3) 根据企业资源组合情况, 确认企业的关键能力和关键限制;

(4) 按照通用的 SWOT 矩阵(见图 2-1)或类似的方式打分评价;

图 2-1　SWOT 矩阵

(5) 将结果填写在 SWOT 分析图上(见图 2-2)。

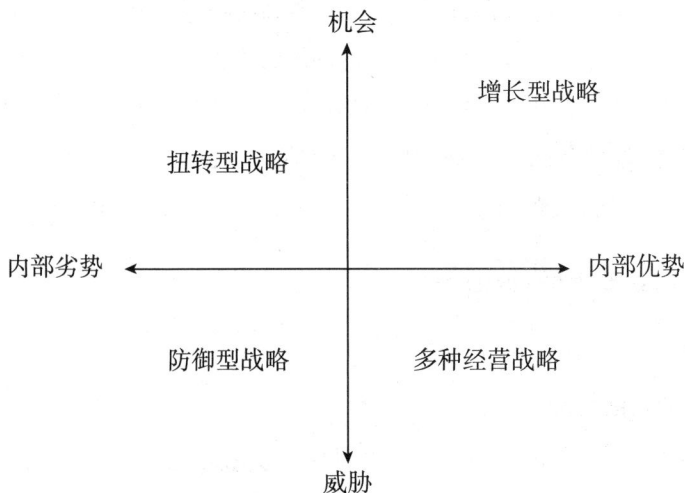

图 2-2　SWOT 分析图

接下来, 我们以某公司为例, 进行 SWOT 分析。

某虚拟现实(VR)影视公司，致力于开发和制作虚拟现实电影和影视内容，为用户提供沉浸式的影视体验。公司成立于 2016 年，市场定位在虚拟现实产业的中高端市场。SWOT 分析实践具体如图 2-3 所示。

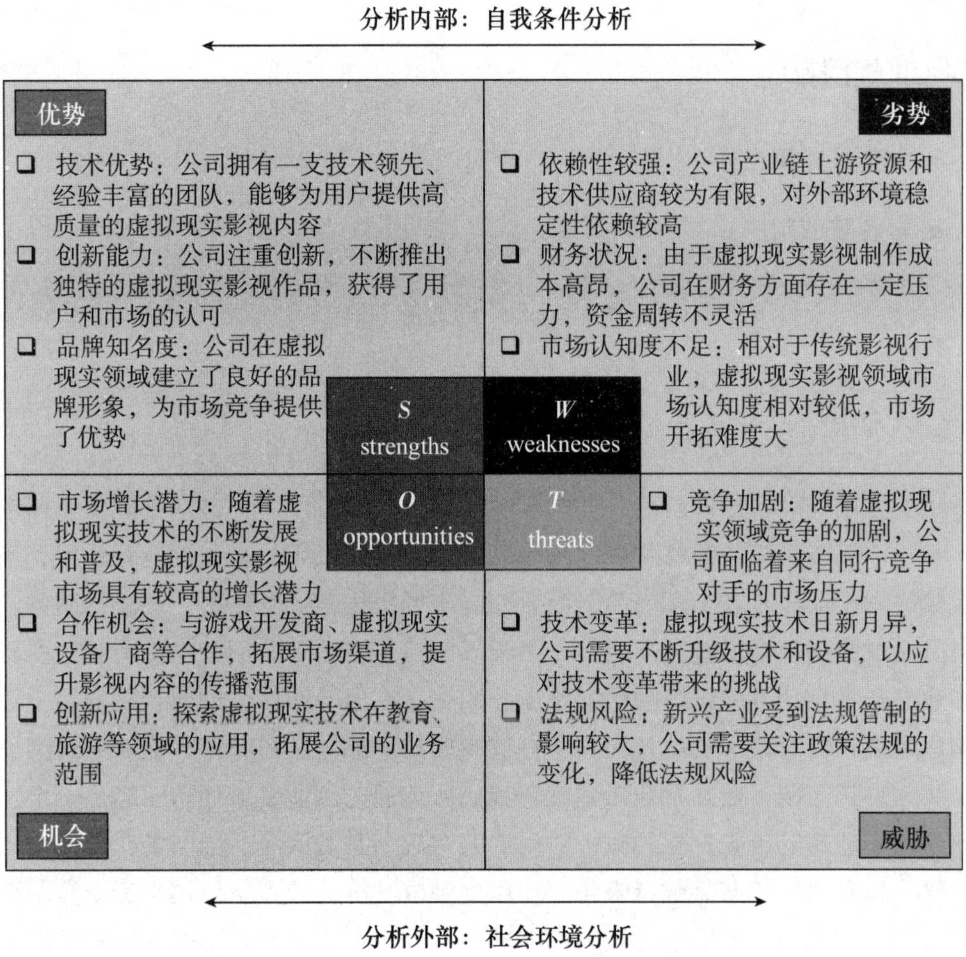

分析内部：自我条件分析

优势		劣势
❑ 技术优势：公司拥有一支技术领先、经验丰富的团队，能够为用户提供高质量的虚拟现实影视内容 ❑ 创新能力：公司注重创新，不断推出独特的虚拟现实影视作品，获得了用户和市场的认可 ❑ 品牌知名度：公司在虚拟现实领域建立了良好的品牌形象，为市场竞争提供了优势	*S* strengths / *W* weaknesses	❑ 依赖性较强：公司产业链上游资源和技术供应商较为有限，对外部环境稳定性依赖较高 ❑ 财务状况：由于虚拟现实影视制作成本高昂，公司在财务方面存在一定压力，资金周转不灵活 ❑ 市场认知度不足：相对于传统影视行业，虚拟现实影视领域市场认知度相对较低，市场开拓难度大
❑ 市场增长潜力：随着虚拟现实技术的不断发展和普及，虚拟现实影视市场具有较高的增长潜力 ❑ 合作机会：与游戏开发商、虚拟现实设备厂商等合作，拓展市场渠道，提升影视内容的传播范围 ❑ 创新应用：探索虚拟现实技术在教育、旅游等领域的应用，拓展公司的业务范围	*O* opportunities / *T* threats	❑ 竞争加剧：随着虚拟现实领域竞争的加剧，公司面临着来自同行竞争对手的市场压力 ❑ 技术变革：虚拟现实技术日新月异，公司需要不断升级技术和设备，以应对技术变革带来的挑战 ❑ 法规风险：新兴产业受到法规管制的影响较大，公司需要关注政策法规的变化，降低法规风险
机会		威胁

分析外部：社会环境分析

图 2-3 某公司 SWOT 分析实践

通过以上 SWOT 分析，公司可以清晰地了解到自身的优势、劣势、机会和威胁。在发挥优势的同时，公司需要加强资源整合，解决财务压力，提升市场认知度，抓住行业增长机会，应对竞争与技术挑战，降低法规风险。在未来的发展中，公司可以根据 SWOT 分析结果调整战略布局，制定相应的策略，实现可持续发展和巩固竞争优势。SWOT 分析实践为公司提供了宝贵的参考信息，有助于公司制定更清晰有效的发展策略，应对外部环境带来的挑战，实现业务的稳步增长和良性发展。

第二节　认知并获取用户

课程目标

- 学会认知用户。
- 学会获取用户。

一、认知用户

我们在创业准备启动阶段，要学会认知用户。认知用户，是指创业项目所阐述的技术、产品或者服务最终所面对的使用群体。创业项目进入长期运营阶段，不可能仅仅产出一项技术或一项产品，而会面向市场推出不同的技术、产品与服务，每一类产品或服务都会对应一类用户。由于不同目标市场下的用户需求有明显差异，在创业准备与启动阶段，各项资源都十分紧张。在这一时期，创业者需要将全部资源聚焦起来，针对某一类或几类用户打造专属的产品与服务，这样能够通过某类型产品快速打开市场，提升企业知名度。我们所选择的创业领域通常已经是一个发展成熟或者半成熟的市场，已经有针对用户的对应产品及服务。但市场在对用户进行定位时，现有企业的产品或者服务存在用户定位不准确或者定位过于宽泛等问题，会造成具体产品与服务推出时与用户需求产生分歧。企业必须准确地认知用户，如果本着来者都是客的思维，将导致创业阶段初始资源无法集中发力，使其很难在短期内达到预期规模。

案例2-1　通过认知用户来拓展市场

某企业在食品加工领域深耕多年，不仅拥有丰富的经营管理经验，而且产品创发能力极强，在产品开发设计中经常能够别出心裁。该企业在短时间内快速创出了企业品牌文化，市场口碑也较好，但好景不长，企业经营发展陷入了瓶颈期，不管如何推出新产品，也很难扩大市场份额，营销额亦难以提升。久而久之，原有的爆款产品逐渐失去热度。食品类产品的市场竞争相当激烈，客户更加注重产品的新颖性。尽管该企业是以产品更新迭代快而出名的，但一味地追求产品创新，会导致研发成本增大，所获得的市场效益并不理想。企业开始尝试通过了解客户需求来拓展市场。在初期，该企业针对产品反馈做出调整，但收效甚微，未能解决企业当前经营管理中所面临的实质性问题。

后来，企业经过董事会研究，开始尝试转变思维，决定在用户认知调查时，引入同类竞争产品的用户需求调查。该计划一经推出，就使企业通过创新产品的研发设计，将消费者的真正需求与喜好融入其中。最后，企业不仅节约了新产品研发成本投入，也使得所推出的新品更好地被市场接受，实现了营业额的翻倍增长。

资料来源：根据网络资料自行整理。

案例2-2 小目标成就大市场

21世纪已经进入人口老龄化时代，国内外投资者纷纷关注养老创业项目。国内某养老项目创业者为满足不同用户需求，制订了复杂多样的个性化服务方案，所取得的短期收益勉强支持企业在创业阶段生存下去。在这种情况下，创业者尝试打破企业初创困境，与天使投资人进行商讨，研究如何通过制定小目标使创业项目能够一步一步地成长，度过艰难的创业初始阶段。经过商讨后，项目创业者决定制定一个经营目标，即在一年内实现100万元的营业额收入。为了创业项目能够长远地发展下去，创业者通过加强该项目核心产品营销方式来实现短期内快速获取收益的目标。该项目的投资人与创业者围绕项目能够产出的核心产品，对当前的商业模式进一步调整优化。经过一年的努力，实现了年营业收入达到100万元的目标。一步一步地对用户进行认知与目标用户群体定位，使养老项目的核心竞争力不断提升，为下一年度能够实现较高的营业收入奠定了坚实的基础。在整个核心产品营销强化中，其突出了养老项目自身的产品优势，将原有被动营销转变为主动营销，不再依赖于制定差异化服务来获取短期收益，而是通过推出核心产品，梳理商业模式，对目标用户群体进行定位，逐步实现所制定的小目标。

资料来源：根据网络资料自行整理。

在竞争多元化的创业时代，创业者在企业初创时期要将重点放在寻找用户需求与确定项目目标用户上。为了实现这一目标，创业者需要具备市场思维、在线思维与共生思维。

1. 市场思维

创业项目所推出的产品或服务能否真正占据一定的市场份额是由目标用户群体决定的。只有对用户进行精准定位，分析用户的真正需求，才能了解市场竞争中所需要的差异性方案，更精准地定位竞争市场。创业者在前期养成市场思维过程中，需要不断了解市场，善于从市场变动性角度出发，以创造性思维大胆地对项目进行改革。我们在将创业机会中的创意转变为商业模式的过程中，应根据市场外界环境的真正需求不断地做出调整。只有真正适应市场，以市场思维对项目进行管理与改革，才能保障创业项目在市场中顺利开展。

2. 在线思维

我们已经全面进入互联网时代，互联网时代的一个显著特征是各类资讯的获取更加便捷，同时，企业所处市场竞争环境中的各项竞争来源与竞争方式也更加透明。我们只有充分利用互联网资源，才能更好地捕捉用户动态，包括线上交易、线上获取用户信息、线上了解用户需求、线上捕捉用户行为、线上与用户沟通反馈等。只有这样，才能在初创时期高效地获取信息，使企业能够根据市场用户反馈快速地对产品或服务做出调整，满足目标用户群体的需求，为目标用户群体提供更优质的产品与服务。

3. 共生思维

我们在创业项目启动阶段，用户的价值并不是一成不变的，而是会通过多种互联转移发生变化。例如，很多互联网企业会逐渐将用户发展成为企业的粉丝，不仅增加企业在推出产品与服务时与用户之间的互动性，更使得产品效能与服务水平能够随着用户需求的变化而提高。这需要创业者在企业发展模型或者产品与服务升级改造时，能够站在用户角度进行设计与实践，真正了解用户需求，以用户的身份对产品或服务进行体验实践，与用户共情。

二、 快速找到用户

任何产品或服务所针对的用户群体都具有一定的特定标签，这些标签包括婚姻状况、年收入状况、职业情况及家庭人口等。标签分为静态标签与动态标签两种。其中，静态标签更利于采集，包括用户的婚姻状况、职业现状等；而动态标签则能够反映出用户在对产品或服务购买体验时所倾向的个性化偏好。这部分标签在捕捉获取时的难度较大，我们在对用户标签进行识别时，要分别从动态与静态两方面进行。如何在创业项目初期、启动阶段快速地找到用户？最好的方法就是给用户打标签。用户的标签客观地反映出用户在产品购买或服务体验时的真正需求，而创业者通过对用户的标签识别与分析，也能够在短时间内快速判断自身创业产品或服务在向市场推广时是否需要做出调整。

1. 打标签

我们在给用户打标签时，要明确以下问题的答案：通过设定用户标签明确用户是谁？用户对于产品或服务的真正需求是什么？用户群体主要在哪里？收入等级是什么？用户群体的购买行为是发生在线上还是实体店？用户在选择产品或服务时，真正被什么因素打动？应形成看得见、找得到、拿得下的标签。

看得见是指通过给用户打标签，能够快速清晰地认知用户的真正需求，生成精准的用户画像。

找得到是指通过用户标签能够快速定位用户群体所在的区域，以及用户群体在市场中的整体分布情况。创业者在创业项目初创阶段可以通过设计用户标签，构建与用户之间快速连接的渠道。

拿得下是指创业者在给用户打上标签后，通过对用户标签的精准定位分析，对已经打好标签的用户进行下一步的订单验证，只有那些能够通过订单验证的标签才被视为正式成立。

2. 筛选标签

创业者在创业项目启动后，可以通过打标签快速了解用户需求与用户行为，这一阶段会设定多个最初用户标签。初期所设定的标签只是为了更好地识别创业产品或创业服务的目标用户，快速筛选用户，做到有效推广。随着产品与服务的推广，用户行为特征也会更加清晰，此时，就需要我们对用户标签做出有效的筛选。首先，根据用户成交量多少对标签进行排序；然后，淘汰排序靠后的标签；最后，经过几轮的筛选后，得出精准的用户标签。我们应将创业初期的力量集中投入在这些标签用户上，针对其进行产品与服务的推广，以提升创业初期产品与服务的成交率。

案例 2-3　用户标签成就创业版图

某创业项目是为长期卧床患者提供护理床垫，并讲解护理床垫的使用方法，以最大限度地减少长期卧床患者发生褥疮的可能性，从而达到有效降低陪护工作量的护理目标。最新调查结果显示，我国目前约有 45 万的病人需要长期卧床，由长期卧床引发的褥疮感染所导致的死亡人数甚至高达 50%，褥疮成为长期卧床病人最大的健康威胁。目前，我国在褥疮护理床垫领域中的市场竞争是十分激烈的，市场也比较复杂，相关产品包括预防褥疮的护理床、护理床垫、相应的保健品、理疗按摩产品等。护理床垫的应用场景也比较复杂多样，包括医院、居家、养老院及其他护理机构。混乱的市场竞争环境及多样化的使用场景给该项目创业带来了极大的挑战。由于用户定位不准，导致该项目在前期经历了无数次的生死沉浮，即使在用户推演过程与创业路线图构建中，也非一帆风顺。面对这种情况，其最初的方案是明确用户标签。当前，该防褥疮护理床创业项目的目标用户非常明确，是需要防褥疮的长期卧床患者，并且将使用场景标签定为居家使用。在实践验证中发现，该护理床垫的价格较高，超出大部分用户经济承受能力，导致购买难度比较大，所以该标签未能通过最终的验证。

　　该项目最终成功捕捉到了订单成功率较高的用户标签，即医院重症加强护理病房的管理人员，因为医疗机构采购护理床垫的成交概率要明显大于个人用户。对用户标签进行更新调整后，护理床垫的销售情况马上有所好转。创业者与医院 ICU 病房管理者构建起了用户合作关系，很快打开了该护理床垫在医疗机构中的销售市场。病房管理者发现，通过使用该床垫，不仅有效地降低了患者发生褥疮的概率，而且减少了医院护工的工作量。医疗工作者可以有更多的医护资源来照顾其他病患，大幅度提高了医院的整体护理效率。在前期产品推广销售时，创业者采用了试用方案，即与 ICU 病房管理者签订协议后，可以拿到免费试用床垫的资格，在试用满意后再购买该产品。通过成功设置用户标签，该创业项目步入了正轨，快速打开了市场，进入了稳定发展期。

　　这一案例给我们的启示是，合理运用用户标签可以有效帮助创业项目度过初创期，进入快速发展的平稳期。

资料来源：根据网络资料自行整理。

三、获取用户

　　获取用户是最关键的时期，也是创业项目准备启动阶段难度比较大的一个环节。只有真正获取了用户，才能认定创业项目已经由初期启动阶段进入平稳发展阶段。创业初期，我们所推出的产品或者服务未能经过市场的检验，只有真正通过消费者的检验，并根据消费者的反馈进一步迭代升级，才能突破重重阻碍，进入稳定发展阶段。创业者在初期需要对用户进行分层。除此之外，在初期用户群体筛选时，要尽可能地选择那些可以接受产品迭代升级的种子用户，也就是当产品迭代升级到一定质量等级后，种子用户仍然愿意主动购买，并将其推荐给其他人，这样才能使初创阶段创业项目产出的产品或服务快速突破种子用户层，并向其他层更快速地扩展。

　　在创业项目启动的初期阶段，对目标用户的获取可以分为三个圈层，分别为种子用户、粉丝用户与普通用户。

　　(1) 种子用户是初期产品在进入迭代期前，体验初创产品或服务的第一批用户，这部分用户对新产品、新服务的体验兴趣比较强，并且能够容忍产品或服务的部分缺陷，也愿意通过试用产品或服务向创业者提供一些产品或服务的使用反馈，并较为专业地提出产品与服务的未来改进建议。

　　(2) 粉丝用户通常与创业项目之间的黏性比较高，是在创业项目所推出的产品或服务相对成熟后，对于产品拥有较高认可度的用户。这部分粉丝用户对企业推出的新产品与新服务拥有较高的体验兴趣，并且十分关注产品与服务的更新迭代升级。

当企业推出新产品与新服务后，其会成为第一批购买体验的人群。粉丝用户对创业项目形成规模后的宣传能力比较强。由于自身购买热情比较高，对产品与服务的使用体验更加专业，一部分粉丝用户也会自觉地将所购买的产品或体验的服务与身边其他人进行分享，不仅提升了产品与服务的市场传播效果，也使得产品的品牌影响力更大。粉丝用户的数量决定了创业项目的品牌规模与企业的品牌影响力，粉丝用户数量越多，对普通用户转变为粉丝用户的吸引力也就越大。

(3) 普通用户同样可以接触较为完善的企业产品或服务，但与粉丝用户最大的不同是，普通用户更关注产品或服务能否满足自身的使用需求，不会对产品其他方面给予过多的关注。如果所购买的产品或所选择的服务能够满足自己的使用需求，那么很长一段时间内都不会更换。通常创业项目所产出的产品或者服务使用价值越高，性价比越高，对普通用户的吸引力也就越强。普通用户通常会受产品或服务的促销折扣因素影响。若在特定时间内产品或服务给出的折扣比较大，最终的成交价格低于同类市场中的其他产品与服务，那么在这一时期普通用户的数量会暴增。

用户圈层不同，对待创业项目、产出产品或服务的品牌、性价比、认知态度也会呈现出较大的差异。初创时期，企业获取用户的难度比较大，并且投入的成本较高。对此，可以运用漩涡模型，通过漩涡模型产生三个圈层用户群体之间的联动。这样不仅能够快速触达用户群体，还能利用社交关系衍生出符合市场规律的科学营销方案。触发种子用户最简单的方法是对产品进行分享，包括创业项目初期产生产品时的创意点，这样能够快速吸引新用户的关注。这部分新用户可以被视为我们创业项目启动初期产品所吸引的粉丝用户。这些粉丝用户在使用产品进行体验后，往往会有较强的分享欲望。粉丝用户对产品进行使用时，他们会在多个社交平台上再次分享该产品。普通用户通过粉丝用户所分享的使用体验，可充分了解产品特点、性价比等信息，从而做出购买该产品的决定。如此一来，便形成了触达三个圈层用户的漩涡模型。下面将以泡泡玛特为例，讲解触达这三个圈层用户群体的具体方法。

案例2-4 泡泡玛特的目标用户获取

泡泡玛特成立于 2010 年，是一家以盲盒文化为核心，集潮流玩具研发、生产、销售于一体的公司。它通过独特的商业模式和精准的市场定位，在短时间内获得了大量的忠实用户。

(一) 用户获取策略

下面我们来分析泡泡玛特是如何获取种子用户、粉丝用户及普通用户的。

1. 种子用户

种子用户是最早接触并体验泡泡玛特产品的用户群体，对新奇事物充满好奇，并愿意体验新奇的产品和服务。

- 社交媒体营销：利用微博、微信公众号等社交媒体平台发布新品预告，吸引对潮流文化感兴趣的年轻用户。
- 线下活动：在购物中心设立临时展位，邀请用户现场体验盲盒开箱的乐趣，收集反馈意见。
- KOL(关键意见领袖)合作：与知名博主或网红合作，让他们率先体验产品，并通过直播、短视频等形式分享开箱体验，吸引粉丝关注。

2. 粉丝用户

粉丝用户是对泡泡玛特品牌和产品高度认可的用户群体，持续关注并购买产品。

- 优质产品：不断推出新颖、有趣的盲盒系列，确保产品质量，维持用户的兴趣和忠诚度。
- 社群建设：建立官方粉丝俱乐部，举办线上线下活动，如粉丝见面会、限量版产品预售等，增强粉丝黏性。
- 会员计划：推出会员制度，提供积分兑换、优先购买权等福利，激励粉丝用户持续购买和参与活动。

3. 普通用户

普通用户是通过各种渠道了解泡泡玛特并尝试购买产品的用户群体。

- 多渠道分销：除了线上商城外，还在各大购物中心开设实体店，方便用户随时购买。
- 跨界合作：与知名品牌、IP进行合作，推出联名系列，吸引原本对该品牌或IP感兴趣的用户。
- 促销活动：定期举行打折促销活动，吸引价格敏感型用户购买。

(二) 用户触达漩涡模型

泡泡玛特通过上述策略，形成了一个有效的用户触达漩涡模型：

- 种子用户通过社交媒体营销、线下活动和KOL合作被吸引，并开始尝试泡泡玛特的产品；
- 粉丝用户在体验产品后，通过官方社群、会员计划等机制被深度绑定，成为品牌的忠实拥趸；
- 普通用户通过粉丝用户的口碑传播、跨界合作和促销活动等途径被吸引，逐渐加入泡泡玛特的用户群体。

泡泡玛特的成功在于它精准地把握住了年轻一代消费者的心理，通过持续创新和不断更新营销手段，成功地构建了一个强大的用户社群。例如，泡泡玛特与迪士尼合作推出的米奇系列盲盒，不仅吸引了原有的粉丝群体，还通过迪士尼的广泛影响力吸引了大量新用户。

泡泡玛特不仅成功地获取了不同类型的用户，还建立了一个可持续增长的用户生态，为公司的长期发展奠定了坚实的基础。

资料来源：根据网络资料自行整理。

第三节　打造核心竞争力

课程目标

● 认知并了解核心竞争力的产生。

● 学会打造核心竞争力。

初创企业若想在市场竞争条件下长期生存，就要拥有核心竞争力。核心竞争力既是初创企业成长的关键所在，也是企业未来能够发展壮大的核心部分。如果企业拥有竞争领域的核心竞争力，则能够获得更好的盈利效果。

一、核心竞争力的表现

核心竞争力的表现比较复杂，涉及技术、产品、服务、营销、品牌等方面。对于初创项目与初创企业而言，核心竞争力可以简单地概括为以下 5 个方面。

1. 领先的技术

领先的技术可以使初创项目在与竞争对手交锋时以产品创新、技术创新快速打通市场。同时，领先的技术也能帮助企业有效降低产品与服务产出时的综合成本，使企业在与竞争对手竞争时以更低的成本占据市场优势。

2. 领先的产品

领先的产品不仅是指产品生产力，更涵盖了产品功能、产品服务等多个方面。当产品拥有较高的使用性能与性价比时，它在面向市场推广营销时就能吸引更多的目标用户群体选择本企业的产品，从而提升产品的市场竞争力。

3. 领先的服务

我国制造业、互联网乃至于其他服务领域的竞争已进入白炽化。在这样的竞争环境下，我们在创业项目选择与创业项目启动时，很难打造差异化产品，即使在产品同质化的情况下，我们仍然可以通过领先的服务快速占据市场。通过更优质的配套服务，能够有效提升用户满意度，从而提升产品市场口碑，以提升核心竞争力。

4. 领先的营销能力

企业的营销团队十分强大，在营销业务能力上表现优异，能够使产品更快速、高效地触达消费者用户层，与用户保持高效沟通。这样不仅能够提升消费者对产品的满意度，也能使产品通过营销渠道快速占据市场份额，从而提高创业项目的核心竞争力。

5. 品牌知名度

经过长年累月的市场竞争经验积累，创业项目已经形成了比较完善的企业文化，而在这一时期，决定企业核心竞争力的关键便是品牌知名度。如果企业的品牌文化影响力较强，有较高的品牌知名度，那么自然会拥有大量的粉丝用户，粉丝用户增多后，产品的更新迭代与宣传推广会更加顺利。

二、核心竞争力的特征

我们在认知企业的核心竞争力时最关键的一步是了解核心竞争力的特征。不同初创项目在产品与服务推出过程中有明显差异，所定位的目标客户群体也不同，因此核心竞争力需要与创业项目自身的特征相匹配。可以确定的一点是，核心竞争力为企业带来经济效益的同时，也能为客户带来特殊的社会价值。例如，企业通过核心竞争力可以有效强化产品的生产工艺，使产品的生产成本降低后，提升质量与综合服务能力。这样不仅帮助企业节约了产品生产成本，也使客户在使用过程中的整体效应得到提升。核心竞争力自身具有一定的独特性、建设性与相对性。具体概括如下。

1. 独特性

创业项目的核心竞争力具有一定的独特性，这也体现出创业项目自身在市场竞争中所独有的优势。因此，我们在对核心竞争力进行认知时，并不一定要完全参照竞争对手的核心竞争力，而是要结合项目的技术特点、人力资源特点及投资营销优势等，找出我们核心竞争力的独特性优势。正是由于核心竞争力拥有独特性，使核心竞争力很难被其他同类型创业项目所模仿和替代。

2. 建设性

创业项目的核心竞争力具有一定的建设性。在创业项目启动初期，由于投入成本有限，并且运营能力不足，可能导致一些核心竞争力难以充分发挥。但核心竞争力自身是具有建设性的，能帮助企业在某一领域长期耕耘探索，通过总结及积累经验，提升创业项目在该领域中的综合竞争力，使创业项目在激烈的市场竞争中快速占据一席之地。

3. 相对性

企业核心竞争力的相对性，是指相对于创业领域中同类竞争对手所具有的竞争优势。例如，在我们所处的竞争环境中，如果竞争对手的主要竞争优势是拥有领先的产品技术，那么我们在对核心竞争力进行认知与营造时，可以通过提供周到的服务来补足。虽然我们在技术上难以超越竞争对手，但随着自身发展与环境的逐渐变化，我们通过提供优质服务转变消费者的购买习惯，也可以使消费者转而选择我们的产品或者服务，这同样可以达到快速占据消费市场的效果。

三、打造核心竞争力的过程

打造核心竞争力是一个持续性的推进过程。

为了使创业项目的核心竞争力始终保持良性积累，创业者要明确核心竞争力的演进路径。我们打造核心竞争力的过程可以概括为：发掘初始优势，确定成长愿景，标注里程碑。

(1) 在创业项目启动初期，企业并未形成核心竞争力，但此时我们能够启动创业项目，也必然意味着创业项目具有一定的优势。我们要注重挖掘这一优势，与竞争对手分析及市场定位相结合，了解自身竞争优势在市场竞争中所能够获取的价值，从而确定核心竞争力培养的方向，这也为未来的项目发展奠定了基础。

(2) 创业项目从启动到最终进入系统化发展阶段并不是一蹴而就的，在整个过程中会经历多个里程碑。我们在对核心竞争力进行打造时，也不能目光过于长远，要分阶段地开展，确定阶段性的成长愿景。创业项目能够在市场竞争环境中占据稳定份额，不仅仅是项目自身新颖，拥有较高的市场竞争力，其多元化的核心竞争力也是关键所在。我们在确定成长愿景的过程中，可以先挖掘企业在短期内快速打造出的核心竞争力；然后，确定阶段性成长目标，设定不同阶段的愿景，也就是创业项目发展进入不同时期后所要达成的核心竞争力。

(3) 随着创业项目不断发展，并步入正轨，企业的核心竞争力初步形成。在未来新场景发展中，还需要根据竞争对手及目标用户群体的特点对核心竞争力进行迭代。这时候需要清晰标注各阶段所要突出的核心竞争力，以及在核心竞争力打造中所要达到的目标，这样可以使创业者了解不同阶段的核心竞争力的关键点。打造企业核心竞争力可以帮助企业快速度过初创时期，进入市场稳定竞争状态。

　　创业项目拥有核心竞争力后,创业者要想尽一切办法带领团队突出项目竞争的核心优势,在每一个创业项目发展阶段都能最大限度地发挥核心竞争力的作用与价值。

　　要始终坚持核心竞争力的演进路径,即使市场竞争环境变得复杂,也不能动摇这一核心竞争力的演进路径,以免影响创业项目初始阶段核心竞争力的打造与规划的执行。我们之前曾经提到过,核心竞争力的产生与真正发挥作用是一个由弱变强的过程,需要不断地积累与迭代,才能使核心竞争力的优势得到真正发挥。一旦脱离了最初打造核心竞争力的规则与演进路径,那么核心竞争力的演进将会变为由强到弱的逆过程。作为创业团队的核心领导者,创业者要始终保持头脑清醒,明确核心竞争力演进的方向。在核心竞争力发展过程中,我们可能会遇到很多问题,这些问题会让创业者产生动摇。而此时创业者应该充分认识到核心竞争力的重要性,努力将所有优势集中在打造核心竞争力上。除此之外,也要充分考虑项目创立初期所能投入的成本,不要被非核心竞争力的演进路径上短期产生的利益所诱惑。即使我们在核心竞争力打造与提升过程中受到其他因素影响,产生利益损耗,也要目光长远,从创业项目可持续发展的角度出发,坚持打造具有市场优势的核心竞争力。

　　要对核心竞争力的发展节奏进行科学控制。企业在提升核心竞争力的过程中,是完全沿着核心竞争力的演进路径进行培育成长的。我们要特别注意的是,应当始终保持核心竞争力提升与企业成长之间的匹配程度。如果核心竞争力的提升步伐落后于企业发展需求,那么在创业领域中的竞争优势将很难发挥;如果核心竞争力成长过快,而企业发展却并没有达到与之匹配的规模,则会导致核心竞争力提升时投入成本过多,难以在短期内收回相应的效益。在创业初期,每一位创业者都需要掌控好发展节奏。很多投资人在实践中发现,很多创业项目在拿到投资资金后,会在项目初创时期快速花光,而此时创业项目却没有取得实质性的进展;甚至很多创业项目在花光了初期的投资资金后,并没有起色。为什么会发生这些情况呢?主要是因为没有掌控好发展的节奏。这些创业项目在获得融资资金后存在一个共性的问题,即脱离了核心竞争力的演进路径,没有完全按照核心竞争力的演进路径对各阶段所要达成的目标进行落实。也就是说,所投资的资金未能真正运用到核心竞争力提升方面,出现项目创业时初始资金分配错乱的情况。这不仅不能为企业获得足够的营销机会,还会导致市场竞争能力减弱。

　　在我们创业项目准备启动初期,可以利用的内部资源十分有限。如果完全局限于通过内部资源来提升核心竞争力,显然进度会十分缓慢。因此,我们要善于发掘并运用外部资源,通过外部资源的整合,快速形成创业项目的核心竞争力,并使其得到提升,在市场竞争环境中发挥真正的作用。

案例 2-5　黑池蛋糕：创新与味觉的舞蹈

在商海浩渺的潮流中，有一位创业者，他不张扬，却有着敏锐的商业嗅觉；他不轻言，却能以行动诠释创新的力量。他就是王岩峰，黑池蛋糕品牌的联合创始人。

从沃尔玛中国市场部的初入职场，到在麦当劳供应商系统的销售与市场工作，王岩峰的职业生涯随着中国线下零售市场的发展而发展，也让他见证了市场规律的变迁。作为全球零售业巨头，沃尔玛早已在消费者行为数据分析方面独具优势，这为王岩峰后来的创业之路奠定了坚实的基础。"市场不变的规律是市场在不断地变化。"这是王岩峰在职业生涯中的最大感悟。这句话不仅是对过去的总结，更是对未来的指引。在风云变幻的商业世界里，他看到的既有挑战，也有机遇。选择创业，并非单纯为了经济利益，而是对于自我实现的一种追求。王岩峰选择了创业，也选择了与家人共同面对未知的挑战。12 年的职场历练，让他深知人生百态，而家人的支持成为他坚定前行的动力。为什么选择食品行业？为什么选择蛋糕？王岩峰解释道，尽管商业环境日新月异，但人们对于美好生活的追求从未改变。蛋糕作为生活中的一部分，代表着对美味和幸福的追求，而在这个领域里，创新是黑池的特色。

黑池蛋糕不仅卖出了美味的蛋糕，更是售出了创新与调性。从熔岩裸蛋糕到星座蛋糕，每一款产品都蕴含着年轻人的消费逻辑和生活态度。通过不断创新，黑池蛋糕成为了深圳蛋糕甜点的名片，为城市增添了独特的魅力。在互联网时代，线上线下的融合是创业者们必须面对的挑战。黑池蛋糕通过线上线下的有机结合，为客户提供了极致的体验。从网上购买到线下配送，再到 45 度微笑鞠躬的送货服务，黑池蛋糕给客户带来了全方位的品牌体验。选择合作伙伴时，王岩峰看重价值观的匹配。与阿玛尼等知名品牌的合作，为黑池蛋糕赢得了更广阔的市场。未来，黑池蛋糕将继续致力于为客户提供更优质的产品和服务，成为深圳蛋糕甜点的一张闪亮名片。

创业不仅是一种商业行为，更是一种生活态度。王岩峰认为，创业是一种修行，是对于生活的更加务实的态度。在创业的道路上，他追求的不仅是商业利益，更是对自我实现的追求。对于理想的生活状态，王岩峰简单而朴素地回答道："健康地活着并有要干的事儿，对我来说就不错。"这句话或许简单，却蕴含着对于生活的深刻理解。

王岩峰，一个将创业视作一种修行的商业奇才，用自己的行动诠释着创新与实践的力量，为中国互联网蛋糕行业注入了新的活力，为深圳这座城市增添了更多的魅力。

资料来源：根据网络资料自行整理。

对于普通创业者而言，想要与某一领域具有巨大影响力的人建立商务合作似乎难如登天。但这一案例给予我们启示，在创业项目的成长阶段，提升核心竞争力不应仅局限于创业项目自身的资源，而应将目光放得更加长远，除考虑内部资源之外，还要考虑如何利用外部力量快速提升核心竞争力，以使核心竞争力在市场成长中发挥更理想的推动作用。

在创业项目的初始阶段，提升核心竞争力需要持续输出，并将其转化为具体的销售额。创业项目和新场景在不同成长阶段保持其核心竞争力的关键在于，能够将核心竞争力具体转化为可以支撑企业在市场竞争环境中生存的营销额。企业只有拥有长期稳定的订单，市场营销能力不断提升，才能在激烈的市场竞争环境下存活下去，不断壮大项目。但在创业项目初期，很多创业者受到主观思想局限性的影响，单方面追求核心竞争力的提升，并在此方面投入巨额成本，却没有充分认识到核心竞争力提升对企业长期发展的积极影响，尤其是对企业核心竞争力提升后将其转化为具体销售额的关注与投入比较少，导致很多创业项目在初始阶段未能坚持到成功，便因后续资金投入不足及缺乏足够的订单而退出市场。

创业者要具备敏锐的思维与洞察力，时刻关注创业项目发展的阶段特征，不断提升核心竞争力，将其转化为有效销售额。销售额是检验创业项目最终是否能够在市场竞争环境下稳定存活的核心标准。因此，创业者应保持动态监测，评估企业核心竞争力的形成与转化情况，通过核心竞争力转化，使企业与竞争对手保持良性竞争，在各个阶段都能够提升营业额。

第四节　制订高能产品规划

课程目标

- 学会制订创业中的产品规划。
- 学会打造高能产品。

一、高能产品规划的打造思维

通过规划产品价值、设定产品目标、落实实施方案、明确落地动作、分析资源投入与产出，以及制订产品营销计划等事项，明确产品的全生命周期事宜，并规划协调好相应的资源，使其可以按照计划中的方向和时间，实现产品的规划和目标。

做产品规划要具备终局思维，要能看透事情的本质，看到事情最后的"终局"。

产品规划要基于终局结果去规划设计，从而明确方向，朝着终局前进。"终局"并不是指事情真正的结局，毕竟我们没有预见未来的能力，"终局"是通过分析确定发展方向，或者自己能力认知中的终局状态。

"终局"并不是一成不变的，它可能随着我们的认知变化而变化，也可能随着我们一步步地前进而发生变化。所以，"终局"是在不断变化的，产品规划也会随之而调整。当然，能力越强的人，对"终局"预见就越确定，所制订的规划就越稳定、越正确。

产品规划可以分为长期规划和短期规划。长期规划偏重长远的目标和价值设定，而短期规划则偏向产品的落地。

高质量的产品规划可以在以下几个方面起到很好的指导和帮助作用。

(1) 明确产品生命周期和阶段使命。它可以让团队正确清晰地认识到产品生命周期的各个阶段，以及各阶段的使命和目标，使团队成员对于要做的事情能够达成共识。

(2) 明确各阶段里程碑节点和目标。它可以帮助团队明确各个阶段的里程碑，使团队成员能够清晰地知道在各阶段应完成的关键任务有哪些，以及如果无法完成各阶段任务，会对前后阶段产生什么样的关联影响。如果团队成员能明确地知道自己负责的事情出现异常后会对他人产生什么样的影响，那么他们也就会因为不想给别人造成困难，或者不愿被团队指责而努力完成自己的目标。

(3) 指导团队制定目标与行动计划。它可以帮助团队成员制定各自的细分目标，并了解为完成这些目标所需要做的具体工作。

通过产品规划，团队成员可以了解到他人的目标和规划，这样就能实现大家相互了解，从而让成员之间更好地相互配合，而不是将目标仅仅局限于自己的小目标。

(4) 为各阶段提供决策依据。在面临决策问题时，应当参考各阶段的目标和最终目标，约束决策的条件，从而做出符合产品规划的决策。

(5) 指引团队向目标前进，避免迷失方向。在工作中，难免会因为内部因素、外部因素、意外因素等情况，使团队的工作慢慢地偏离预期的方向。高质量的产品规划，可以在产品生命周期的各个阶段，为团队指引方向，向着最终的目标前行。

(6) 增强团队凝聚力，让团队和谐有序，共同奋斗。无论是成员与成员之间的不和，还是成员与管理者之间的不和，很多时候都是认知不同导致的。

不同的人对于做的事情和目标有不同的认知和期望。即便大家都想把事情做好，也会由于各自目标不同而出现分歧，甚至出现团队裂痕。好的产品规划能够明确和约束大家的目标和方向，减少类似问题的发生，增强团队的凝聚力和和谐度。

二、确定产品规划的前置信息

1. 明确公司战略

公司战略是企业发展的方向。在战略初期，企业主要提出愿景和使命，并明确约束公司的经营范围。到了战略中期，企业要明确业务和产品矩阵。而在战略后期，企业则要明确战术和落地方案，并做好相应的资源配置。

公司战略会直接影响要做什么产品、不做什么产品，以及对产品的预期要求和相关的资源配置。因此，产品规划不仅要满足企业战略对其的定位和要求，更要关注公司能给予的资源配置，并思考在相应的资源下如何实现产品的目标。

2. 明确产品核心价值

明确了产品的核心价值，我们才能规划出正确的产品方向和落地计划。产品的价值可以从两个维度来审视：一是对企业的价值，二是对用户的价值。

企业价值体现了公司对产品的期望与要求，这包括期望获得多少用户、实现多少利润、品牌影响力如何、是否拥有技术领先优势、资本是否雄厚，等等。产品对于企业的价值不同，公司对其的要求也就会不同。如果产品的价值在于提高公司在技术上的领先优势，那么产品的侧重点就应该放在技术方面的探索和创新上。

3. 明确用户需求价值

前面我们提到，产品对用户的价值是其赖以生存的根基。那么，究竟什么才算对用户有价值呢？毋庸置疑，满足用户的需求就是对用户有价值。但是，这并不意味着满足用户的需求越多，产品的价值就越大。需求本身是有价值高低之分的，尤其是从产品的角度来看。满足需求往往会增加用户在精力、时间和财力等方面的成本。如何让用户付出更少的成本，获得更大的价值，则是产品成功的关键。对于一个产品来说，它面对的是无数个用户，每个用户的需求各异。所以，我们需要精准地明确大部分用户的核心需求，以实现大部分用户价值最大化。我们不能因为少数用户的需求，而让大部分用户都付出额外的成本。在做产品规划时，我们需要精准地评估和明确需求的价值及优先级，规划出满足产品需求的路线图，以确保产品在正确的道路上前进。

明确的需求有助于团队的稳定。正确评估和明确需求的价值，对团队的和谐发展、团队凝聚力及团队战斗力都有着重要的影响。需求的变动往往会影响现有需求的开发进展和计划，给团队带来重复且无用的工作量，这是任何一个团队成员都不希望发生的。所以，作为团队的上游岗位，有责任和义务确保需求的正确评估，以及准确地向下游岗位输出产品目标和计划。程序员手撕产品经理的段子相信大家都有耳闻。错误地评估产品需求，会导致下游岗位做无用、无价值的工作，使其团队出现分裂、丧失凝聚力和战斗力等。因此，准确地评估需求，是减少需求变动对产品和团队产生负面影响的重要措施。

经过评估后，通常会明确用户的一系列需求。之后，就需要根据需求的价值大小来规划优先级，并分级实现需求。这样可以确保高价值的需求能够优先得到满足，同时产品也能快速推向市场。对于硬件产品而言，评估和决策应满足哪些需求，以及如何满足这些需求尤为重要，应慎重进行。这就需要明确产品定位，而明确产品定位的过程其实就是对产品进行约束和收敛的过程。通过明确产品定位，可以进一步明确产品服务于哪些群体，以及通过什么方式来打动用户，使其能接受产品并成为创业者的用户。

4. 用户群体定位

用户群体定位，是指通过市场分析等手段，选择某种类型用户或某种需求的群体作为产品要服务的用户群体。为什么要做用户群体的定位呢？这是因为每个客户群体都是有差异的，没有一种产品或服务能够满足所有群体。只有定位越准确，产品或服务的针对性才能越强，才能更贴近用户的核心需求。目标市场容量，是指在既定的时间与地点，目标市场的整体规模大小。目标市场容量是用户群体定位的一个关键因素，定位用户群体通常会选择市场容量大的群体。当然，市场容量大必然会遇到更多的竞争者，也可以选择在小众市场深耕，慢慢地向大的市场进发。

5. 产品竞争力

产品竞争力，是指产品符合市场需求的程度。确定产品竞争力是产品经理的重要任务，也是产品规划中的重点。产品规划和产品需求的设计需要充分考虑产品的竞争力。波特五力分析模型是分析企业所在行业竞争力的常用工具，它通过分析竞争者的竞争能力、潜在竞争者的进入能力、替代品的替代能力、供应商的讨价还价能力及购买者的议价能力，来全面评估产品的竞争力。在这里，我们不再赘述这一模型的具体细节。

6. 营销策略与定价

不同的产品定位会导致产品的营销策略、销售渠道及产品定价的差异。对于小众市场，通常产品的定价会偏高，因此小众市场的用户群体少，如果产品的利润过低，则可能无法支撑公司的运营。同样，针对小众市场和大众市场的营销推广也存在差异，小众市场的营销渠道通常更加垂直，如社群、社区等小众用户聚集的地方；而大众市场的营销则更倾向于通过电梯、电视、网络等易于接触的媒体渠道进行。

7. 明确产品具备的能力

明确产品能力是正确规划产品的关键一步，通常运用 KANO 模型进行评估，当然也有其他评估方法，具体如下。

（1）场景法。根据用户的需求场景来评估哪些需求是必做的，哪些需求是可以延后或不做的。这种方式需要站到用户的视角来感受用户的真实需求和目的，以及站在上帝视角来观察用户真正有价值的需求是什么。

（2）定位法。定位法是指根据公司的战略规划，以及产品的定位和目标进行评估。在评估用户需求时需要优先满足符合公司和产品定位的需求，其次才是其他的高价值需求。例如，公司是以获客和提高留存转化能力为目标的，那么关于客户内部员工运营管理方面的需求，则不是需要被优先满足的。

（3）专家法。专家法是以行业专家的观点来评估需求的价值，以及是否值得被满足。这种方式的优势是，如果专家真的懂用户，那么可以给创业者提供价值较高的建议。需要注意的是，很多所谓的"专家"仅仅是站在自己的专家视角来看待问题，而不是利用专家的知识站在用户的视角看待问题。这类专家提出的价值观点往往不能真正代表大多数用户的需求，应该避免被这类专家带偏。

（4）ABtest 法。这是一种对比评估方法，通过用户反馈的对比结果进行价值评判。当有两个需求或不方便做功能价值评估时，我们可以将两个需求或功能都抛给用户，让用户投票。

我们可以告诉用户："我们现在有分别具备这两种需求或功能的产品，创业者需要付出一定的成本来选择其中一个。"选择了 A 需求或功能，就不能选择 B 需求或功能，看用户最终选择哪个。这种测试要注意的是，不能给用户的选择施加影响。

8. 明确产品指标要求

确定产品能力，告诉了我们要做什么；确定产品指标，则是告诉我们要做到什么程度才能达成目标。从产品角度来说，关键指标有很多维度，如产品盈利指标、用户的数量指标、数据的资产指标及对品牌的影响力等。产品的终极目标是分阶段完成的。

从产品功能角度来说，指标分为底线指标、预期指标和超预期指标。底线指标的作用是警示产品能力是否达到要求。如果底线指标无法达到，就需要考虑这个功能是否延迟上线，甚至是否要砍掉。预期指标是产品功能的目标水平。产品功能若能达到此预期，则说明此功能的设计和开发可以完美交付，并且具备在市场上与竞品竞争的要求。超预期指标，则是指在完成目标水平的基础上取得了更好的成绩。如果产品达到了超预期指标，则说明此产品在市场上具备了较高的竞争力。当团队实现了超预期指标时，应该给予相应的奖励和鼓励。

9. 明确资源投入

做产品规划需要摸清公司能提供的相关资源，或者规划好需要的资源向公司去争取。做产品，人力资源、资金资源、销售资源、营销资源、售后资源是几个基础的资源类型。资源数量及如何配置会直接影响产品规划的落地细节。

(1) 人力资源。明确需要怎样的人才，以及将这些人才投入什么样的工作岗位。只有合理规划，才能确保人才发挥最大价值。

(2) 资金资源。要像自己创业一样考虑资金的使用和分配，因为资金的多少会影响产品的进展：资金多，则可以换来更多的其他资源投入；资金少，则要精打细算地使用。

(3) 销售资源。不同的销售渠道，对产品和整个服务体系的要求会有所区别，例如电商渠道和经销商渠道在销售模式、回款周期、售后服务等方面的要求是不同的。电商渠道需要自己搭建电商平台，销售人员要一单一单地销售，回款周期一般较长。经销商渠道则需要有大客户或渠道推广与管理团队，一般在拿货时就会收到货款，回款周期较短。

(4) 营销资源。通过营销推广，可以让更多的用户认识和接触到企业的产品和服务。在做产品规划时，要确定好营销费用，以及在哪个阶段通过哪些营销渠道进行推广。

(5) 售后资源。产品销售后必然要给用户提供售后服务，产品规划中应明确什么时候让售后团队介入，以及产研团队如何与售后团队进行协作。

10. 明确产品关键目标

如果前面提到的事项都已经完成，那么此时创业者脑海中应该已经有了产品规划的大概轮廓。下一步就是将脑海中的关键目标落实到纸面上，为后面的详细规划提供参考依据。

明确关键目标，需要从以下几个方面进行细致明确：目标是什么，怎样达成目标，达成目标的关键路径有哪些，以及达成目标需要采取哪些措施和方法。

例如，某个客流分析产品的关键目标是利用电池供电，实现以年为单位的时长工作，并且能够高精度地对多目标(即人)进行分析。针对这个关键目标，我们按照上述 4 个方面逐一明确。

● "目标是什么"：时刻提醒团队及带头人产品的初衷和目标，确保在工作中不会偏离路线。

- "怎样达成目标"：明确为了完成目标，需要哪些人参与工作，尤其是电子工程师和算法工程师的参与。
- "达成目标的关键路径"：确定实现产品目标的几个关键点，这些关键点就是在工作中要解决的问题和要完成的具体目标。
- "达成目标的措施和方法"：指导工作如何落地实施。

三、高能产品规划方式

产品规划有两种方式，一种是以关键目标为主体进行规划，另一种是以生命周期为主体进行规划。

1. 以关键目标为主体的规划

这种规划方式强调的是关键目标的落地情况。例如，在什么时候获得多少用户、什么时候突破某技术门槛、什么时候达到某关键的目标。这种方式的应用场景有两种。一是偏向科研的项目，其核心目标是突破技术难点，所以会采用此方式来作为产品规划的目标。这种情况对产品化落地不是特别关注。二是关注关键节点的目标，高层管理人员使用较多，例如产品什么时候上市销售。一般来说，规划好产品的关键节点目标后，会有团队成员在落地层面进行更加细致的规划设计。

2. 以生命周期为主体的产品规划

这种规划通常由产品的一线管理人员用在有明确商业化落地目标的产品上。这种形式是对产品生命周期的各个环节和目标进行拆分设计，规划出不同环节的详细目标和方向、关键成果和动作，以及人力和资金等资源的投入计划。产品规划可以从 4 个维度进行，分别是目标规划、进程规划、资源规划及任务规划，就是在什么时间投入什么资源，通过什么任务完成什么目标。接下来我们来看看，产品规划到底怎么做，以及具体的输出产品有哪些。

四、输出产品规划

1. 产品画布

"产品经理是 CEO 的学前班"，想必大家对这句话都不陌生。在此有个问题，大家觉得创业者是在就读 CEO 的学前班，还是仅仅是个工具人呢？

提出这个问题的原因在于，发现太多产品经理实际上只是工具人，与成为"CEO"还有很大距离。产品经理不仅要锻炼自己把握产品的"技能"，更要锻炼产品思维和商业思维。

产品画布，就是一个锻炼产品思维和商业思维的入门模型。通过这个模型，我们可以鸟瞰一个产品的商业全貌，看到一个产品从发现用户问题到解决问题，最后走向产品商业化的全过程。

产品画布的价值在于可以锻炼我们的全局观，同时将商业化产品的因素可视化地展示出来。

2. 需求/问题/机会

需求/问题/机会是大家常听到的痛点和痒点，也就是产品规划阶段目标用户没有被满足的需求。商业化产品评估需求的三个关键点是高频、刚需、高价值。同时，商业化产品评估也要具备可优化性、可实现性、可普适性等特点，具备这三点的需求才能真正被满足，并且能产生商业价值。以下是确认需求/问题/机会需要注意的细节。

(1) 用户细分。每个客户群体都有其独特性，不存在一种能够满足所有群体的产品或服务。只有将用户进行细分，创业者的产品或服务才能有针对性地满足用户的核心需求，得到用户的支持，从而有机会成为一个成功的商业化产品。

(2) 解决方案。解决方案就是我们打造的功能、产品或服务，它需要在需求、效果、成本之间找到平衡点，为用户提供最适合的方案。

我们不能按照自己的认知给用户提供不合适的解决方案，例如，解决问题的效果不好，或者解决问题的成本高于问题本身的价值，等等。寻找合适的解决方案，可以通过用户分析、用户调研或者 MVP 方案进行求证。

(3) 独特卖点。有用户就有市场，有市场就有竞争对手。独特卖点是在竞争中使产品突出重围的一把利剑。在用户选择解决方案时，我们要给用户一个选择我们的理由。这个理由就是针对用户打造的独特卖点。产品的卖点可能是优秀的体验、较低的门槛、较高的颜值或者较低的成本。无论是哪种，没有独特卖点的产品都很难在市场上存活。

(4) 门槛优势。门槛优势是企业或产品的竞争壁垒，有了壁垒，才能阻挡竞争对手的进攻。壁垒可以是渠道资源、产品能力、专利技术、供应链优势、用户心智、生态系统等，无论哪种，创造竞争门槛都是企业或产品的长期战略目标。

(5) 渠道。渠道有两层含义，一是获取种子用户、天使用户的渠道，也称为产品冷启动的渠道；二是产品上市后的销售推广渠道。种子用户、天使用户是指从产品立项、产品试用到产品成熟一直无条件信任产品、信任公司，接受暂时的不完善，愿意给公司提出改进意见，陪公司一起成长的用户。他们是产品设计研发中非常重要的需求信息来源和产品反馈信息来源。该渠道是产品经理在产品前期就要考虑搭建的。在产品设计之初就要考虑清楚产品从哪个渠道销售。常见的渠道有电商自营、线下自营、线下经销商、新媒体、直播销售等。不同的渠道在销售模式、库存管理、渠道抽成等方面的要求是不同的，因此在产品研发初期就要考虑这些问题。不同的渠道在产品定价、产品形态等方面也会存在差异。

(6) 关键指标。关键指标也可以从两个维度来理解，一是产品能力指标，二是产品的成功指标。产品能力指标是指产品本身能满足用户的需求，且具备一定竞争力和价值的关键指标，如产品精度、产品性价比等。产品成功指标是满足商业化目的的一些指标，如产品销量、产品用户数、市场占有率等。

(7) 成本结构。成本结构是指产品从研发到上市销售的成本构成，包括研发成本、制造成本、服务器成本、渠道成本、推广宣传成本等。成本结构的评估更多的是考验人的工作经验，以及对产品整体的认知清晰度。

(8) 收入来源。得益于商业模式的进化及产品形态和技术的多样性，收入来源不再仅限于销售产品。现在常见的收入来源有销售产品、销售服务、销售内容、销售流量、销售数据等。此因素考验的是创业者变现的能力和渠道，以及在产品设计中对营收点的考虑。

3. 产品路线图

产品路线图一般应用在多个产品线的整体规划中，也可以应用在单个产品线中。单个产品与产品里程碑相似，这两者的主要区别是关注者和关注点有所不同。单个产品的产品路线图通常由产品的几个关键事件组成，多被公司高层和营销人员关注。他们更多地关注产品的研发进展情况，如何时能推向客户，何时能正式上市销售等。产品路线图主要有如下几个关键阶段。

(1) POC(proof of concept，产品验证)阶段。POC阶段是产品初期在真实客户环境中进行验证测试的重要环节。这一阶段在产品进入PVT(production validation test，生产验证测试)阶段之前就会进行。POC阶段的主要目的是验证用户需求和产品设计，并评估产品在能力和性能上是否能够满足客户的实际需求。在此阶段，可以通过采集客户的真实数据来训练和优化模型。

(2) PVT(production validation test，生产验证测试)阶段。产品进入PVT阶段意味着产品准备投入市场。在这个阶段，公司会启动销售培训、市场宣传等工作。PVT阶段的主要目的是验证产品的稳定性，并持续优化产品。这个阶段的到来会受到公司高层和相关团队的密切关注。

(3) MP(mass production，大量生产)阶段。当产品进入MP阶段时，说明产品已经基本成熟，可以进行大量投产和销售。这是一个重要的里程碑，此时公司工作的重心将转移到产品销售方面。

(4) 产研交付阶段。产品上市一段时间后，产品的售前售后、技术支持、产品能力等方面已进入稳定有序的状态。此时，产研团队会将工作重心转移到新产品的研发上，并将相关事务的处理工作交给其他支持部门。

4. 产品价值表

产品价值表可以帮助我们时刻关注产品的核心价值，确保我们不会偏离产品的初衷。在产品设计、产品开发过程中，遇到需要调整抉择的时候，产品价值表能提醒我们以创造产品价值为核心；在做产品需求排期时，我们可以参考产品价值表，根据产品价值及开发周期等信息进行综合考量规划。产品价值表通常涉及以下 4 个维度。

(1) 产品痛点：用于记录产品价值的核心需求来源，保留最原始的信息记录。

(2) 产品/服务：为解决用户痛点需求所提供的产品或者服务。

(3) 产品价值：总结产品或服务能给用户带来的价值。

(4) 价值大小：通常是根据用户的需求重要度进行评估，例如用户需求的重要性、频次等。

五、如何落地产品规划

1. 产品/团队价值观的共识

团队是一群具备相同目标和价值观的人所组建的团体，一个团结一致的团队拥有着无限的能量和潜力。团队的力量来源于所有成员对产品价值的认可和一致的团队价值观。为了让团队认可产品的价值，团队成员需要具备同理心，可以明确用户的需求痛点、产品的能力和产品的价值点，了解自己的产品能够给用户解决哪些问题，为他们提供哪些价值，以及对用户的贡献。张磊在其《价值》一书中，对"同理心和同情心的区别"进行了相关描述，可以帮助我们更好地理解同理心的概念。

创业者看见一个人掉到井里，创业者在上面呼喊求救，那叫同情心，这是对他人的关心，为别人的遭遇感到心里难受。但如果创业者立即跳到井里，那叫同理心。跳到井里是为了设身处地地感受用户的处境和问题，理解他们的需求和价值，并为其寻找解决问题的方案。

当团队成员都具备同理心时，就能自发地为用户着想，为用户寻找解决问题的方案，可以认识到产品的价值和目标，并产生一定的自驱力。

团队价值观是基于对产品价值的认可，从而衍生的产品理念、团队使命、价值取向和行事准则。相同的价值观就像地基一样，是团队坚固的基础，使其能够站在同一个维度协作奋斗。

同样，相同的价值观还是无形的黏合剂，可以使团队在出现分歧的时候朝着共同的目标和相同价值去思考，避免因个人认知和观点而产生分歧。

产品规划的落地，离不开具备相同价值观和目标的团队。只有发挥团队的力量，才能使产品规划真正落地实施，才能实现产品的目标和价值。

2. 明确人、岗、责、权

"人、岗、责、权"这四个字，简而言之，就是回答"什么人在什么岗位，肩负什么责任，具备哪些权利？"这个问题。我们往往能清晰地回答"什么人在什么岗位？"这个问题，但对于"肩负什么责任？具备哪些权力？"却常常模糊不清，很多团队没有明白或者没有执行好的。原因在于虽然岗位或人的责任很容易明确，但授权给对应责任人的责任和权力却往往非常模糊。这种情况通常源于管理者对责任和权力没有明确的认知，或者对成员缺乏信任等，导致其不愿或不敢放权给执行者。只有承担责任的人具有决策的能力，才能真正地担起相应的责任。没有决策权，如何能够为其决策承担相应的责任和义务呢？责任是激发自驱力的重要源泉，失去了责任，自驱力也会随之消失。对于团队的领导者而言，成员失去自驱力是极其可悲和危险的。华为有句名言："让听得见炮火的人呼叫炮火"，这并不是让所有的一线员工都拥有"呼叫炮火"和"指挥炮火"的权力，而是让有能力的人拥有一定的资源进行组织协调。在设计产品规划中的"人力资源规划表"时，就要考虑好对应职位的能力和权力，并选择与之匹配的人才。如果负责人不具备相应的能力来承担责任，那么应及时提出问题，指导其尽快提升能力，或者选择更加符合要求的人才，切勿简单粗暴地将责权分离，而应确保"让听得见炮火的人呼叫炮火"。能力只是一方面，相应的负责人还应该具备一致的产品价值观和团队价值观，只有这样，才能发挥团队精神，共同朝着目标前行。

3. 规划好目标

目标是指引团队的灯塔，是产品价值、关键指标、产品路线图、里程碑及产品生命周期甘特图的综合体。科学合理的目标是落地产品规划的基本条件。

科学合理的目标，源自对产品规划前置信息的深刻思考。想清楚了这些问题，自然能明确产品的目标。

4. 落实行进计划

关键指标、产品路线图、里程碑，是落实行进计划的关键因素和目标，而产品生命周期甘特图则是行进计划的具体实施手册和纲要。行进计划不仅要设定好关键因素和目标，更要有具体的落地计划和行动方案。所以，产品生命周期甘特图要包含所有岗位和事项的任务计划，以及明确的启动和结束时间。同时，要明确不同任务之间的关联关系，重点关注关键的任务和进度，以避免关键任务延期及其可能引发的连锁反应。

5. **搭建复盘的机制**

俗话说"计划赶不上变化"，做产品就是在千变万化的环境中前行。在这个过程中，可能因为各种原因实际情况偏离产品规划。

有的偏离是明显可感知的，有的偏离则是潜移默化产生的。明显的偏离较容易发现和解决；而潜移默化的偏离则很难察觉，一旦发现往往已经造成巨大影响。

因此，定时复盘是一种非常有效的机制，它能帮助我们定期回顾项目、发现问题，同时也能让我们看到项目的进展和当前的状态。做复盘需要从以下几个方面进行分析(见表 2-1)，以便我们看清并明确项目的现状、存在的问题和未来的方向及可能的变化。

表 2-1　复盘的机制及注意事项

复盘的机制	复盘注意事项
回顾产品规划和目标； 同步当前项目的进展和重要事项； 梳理当前遇到的问题； 分析问题发生的原因； 分析问题的对应方案，以及该问题对规划和目标的影响； 评估该问题是否会导致原始规划发生改变； 确定应对问题的方案，更新产品规划和目标，并及时同步给团队成员； 总结导致问题出现的人为因素，避免后期出现同样的问题，或设计制定应对此类问题的机制； 说明未来一段时间内的计划和目标，确认需要支持和协调的事项，判断可能出现的风险和问题	复盘会不是批判会，不可有任何责怪、责罚的态度和措施； 复盘要客观地面对问题,无论是环境因素还是人为因素； 复盘要带着问题看规划,基于当前状态客观地面对规划中的对与错； 复盘要做到事事有着落,对提出的问题都要提出具体的处理方案； 复盘时要站在上帝视角,回顾从项目开始到现在的所有抉择和事项,深入思考每个抉择是否是最优的,是否还有改进的空间,以及如何做得更好； 复盘要有留存机制,将总结问题的方案和知识流程等有价值的内容进行记录和保存

第五节　创业场景

课程目标

- 认知创业场景。

- 学会打造创业项目的场景。

一、创业场景的概念

在创业项目启动阶段，能够决定创业项目可以在市场竞争环境下真正存活下去的关键，是找到产品触达用户的场景。也就是通过该场景的认知与创造，创业中项目产出的产品或服务直接抵达用户层，为用户提供产品与服务体验。只有创业项目启动且场景真正成立后，与我们的创业项目相关的产品或服务才能产生交易，创业项目才能够稳定地运营下去。创业项目启动后是否能够成立，是否拥有广阔的发展前景，都可以通过进行创业场景的评估来加以了解。我们也可以简单地理解为场景是创业项目启动后评估创业项目质量的试金石。

二、创业场景的价值

创业项目启动后，创业场景的主要价值是使产品或服务快速抵达用户层。我们在对创业项目发展场景的具体价值进行分析时，需要对构成场景的基本要素进行单独分析。同样以新媒体项目场景为例，构成该场景的主要因素包括情景与服务两方面。其中，情景所能够提供的价值为场景价值，而服务所提供的价值则通过购买服务的订单用户数和单一服务触达的用户数量等指标体现。我们在认知创业场景时，应深入了解创业场景的真正价值所在，以明确创业项目产出产品或服务需要提升的具体方向。如果创业项目启动后，完全陷入注重产品或服务价值产出的逻辑层面，那么极容易影响产品项目的宣传效果。因此，要注重结合不同的组成要素，整合各类场景的价值，让场景价值成为创业项目重要的公共资源。

案例 2-6　典型的高能场景

在创业项目进入实践阶段时，具体的场景价值是创业项目宣传的热点。以当下比较热门的几个品牌为例来说明。快手企业作为短视频行业的鼻祖，其前身叫作 GIF 快手，诞生于 2011 年，致力于打造一款专门制作和分享 GIF 图片的手机应用软件。2012 年，快手企业创始人发现，纯粹的 GIF 图片制作软件并不能扩展当前的智能手机用户群体，使之成为快手企业的粉丝用户。于是，其将项目发展重心转移到短视频社区，将创业项目发展总体定位为记录和分享生产生活的平台。由于快手企业成立初期，智能手机、平板电脑的价格比较高，整体普及率并不如现在，因此在2015 年以后，快手企业才真正迎来爆发式的市场份额增长。

美图秀秀成立于 2008 年，其打造的美图秀秀软件几乎是人手一个的免费影像处理软件。目前，其全球累计用户已经超过 10 亿人，始终保持着影像类应用软件的下载排名优势。美图秀秀在创业初期，将其场景定义为潮流美学发源地，这标志着美图秀秀已经发展成为以让用户变美为核心的社区平台软件。在创业项目运营初期，其专注于某一个领域，深耕该领域的场景，快速打开市场，奠定早期客户群体。每打造一个场景都需要投入一定的成本资金，因此，对于个体创始人而言，并不适合打造多个场景或者一个过于宏大的场景。我们可以通过小场景的打造，在用户群体中持续深耕，逐渐累积小能量，不断增加场景价值。对于价值比较高、易于初创的场景，在创业初期更应该集中力量，确定所要耕耘的方向，将其作为深耕的主要阵地，这样在项目后期运营及进入稳定发展状态时，才能够通过创业项目发展场景的科学调度与运用，快速扩大创业项目的影响力，在合适的市场时机占据稳定的市场份额。

资料来源：根据网络资料自行整理。

三、定位高能场景

创造一个高能场景，核心是对场景进行精准定位。创业项目进入运行阶段后，可以深度耕耘诸多场景。由于每个场景的未来成长潜力不同，若没有做好科学合理的场景定位，将大部分资源投入不具备长期成长价值的场景中，将导致前期投入资源浪费，场景也很难发展成我们期望的状态。对于最终高能场景是否成立的验证，需要创业者将所能够想到的场景逐一列出，对场景创建所需要的资源、所需要投入的成本及最终预期产出的价值进行评估。通过验证与筛选后，可以将无效场景或者投入产出不均衡的场景剔除。

案例 2-7 罗永浩和他的直播创业路

罗永浩，这位曾经的锤子科技创始人，在智能手机行业经历了起起伏伏之后，于 2020 年正式宣布转型做电商直播。他的直播创业之路，不仅是一场商业冒险，更是一次个人品牌的重塑和商业模式的创新。在锤子科技期间，罗永浩以其独特的个性和对产品的执着追求，积累了一定的人气和关注。然而，随着锤子科技陷入经营困境，罗永浩的个人品牌也受到了一定的影响。进入直播行业，罗永浩首先面临的是个人品牌的重塑。他凭借个人魅力和幽默的口才，迅速在直播界站稳脚跟。罗永浩的直播风格真实、接地气，他不但介绍产品，还分享个人生活，让观众感受到了一个更加真实、立体的罗永浩。罗永浩的直播不仅是卖货，更是一场娱乐和知识分享的盛宴。他通过与知名品牌合作，推出独家优惠，吸引了大量消费者。同时，罗永浩还注重内容创新，通过跨界合作、知识分享等形式，丰富了直播内容，提升了用户体验。罗永浩的直播首秀就取得了惊人的成绩，销售额突破了 1 亿元。这不仅是对他个人品牌的肯定，更是对直播行业商业模式的认可。罗永浩的直播通过商品销售、广告植入、粉丝打赏等多种方式实现了商业变现，取得了显著的经济效益。罗永浩的直播创业之路也并非一帆风顺。随着直播行业的竞争加剧，罗永浩不断创新，以保持自身的竞争力。罗永浩的直播创业之路，给业界带来了很多启示。他的成功证明了个人品牌和内容创新在直播行业的巨大潜力。未来，随着 5G、人工智能等技术的不断发展，直播行业将迎来更多的可能性。罗永浩需要不断适应行业变化，探索新的商业模式，以保持自身的领先地位。

罗永浩的直播创业案例，不仅是一次成功的商业转型，更是一次对个人品牌和商业模式的创新实践。他的成功，为其他创业者提供了宝贵的经验和启示，也为直播行业的发展注入了新的活力。

资料来源：根据网络资料自行整理。

四、打造高能场景

除了主动寻找和发掘高能场景之外，我们在创业项目启动后，也可以通过整合自身的资源，打造高能场景，使创业项目处于适合自身长期发展的场景内。构建高能场景的核心目标是帮助我们快速拓展市场，拥有更多稳定的用户群体。主动创建场景需要投入的成本比较高，还要配合完善的前期市场调查。首先，了解客户的真正需求，客户的需求便是打造高能场景的动机。了解客户包括了解客户对产品与服务的具体需求，以及客户在购买产品或体验服务时是怎样的心理状态。创业者可以充分运用大数据技术挖掘用户消费行为，对用户的心理画像进行描绘。其次，在深入分析客户的购买行为后，创业者可以尝试对高能场景进行初始化设计。初始化设计的重点是互动，互动主要是由创业者身份转变为用户身份。融入该场景后，创业者以用户的角色体验场景，这样可以帮助创业者在前期了解到创业场景打造中所存在的不足，对初始化设置的创业场景进行调整优化。科技力量可以帮助我们快速构建初始化场景，以最小的成本将所描绘的场景落实到实践中，促进后续产出更高能的场景。最后，在具体创业场景形成前，创业团队要时刻关注互联网时代的技术动态与技术运用。在互联网时代，人们获取资讯的方式已经发生明显改变，互联网技术的广泛运用也突破了场景体验中的时间限制，能够使我们通过跨场景融合体验对高能场景进行验证。

案例2-8 **集五福过新年**

    2015年春节，微信与春晚合作后，创建了春节发送电子红包的高能场景，该场景投入使用后，使得微信红包在春节期间新增了1亿多的用户，不仅奠定了微信支付与支付宝瓜分市场的局面，甚至出现大部分用户更倾向于使用微信支付，部分支付宝用户也逐渐流向微信一方。具有线上支付先发优势的支付宝用8年时间才累积1亿用户，而微信支付仅仅通过红包场景在短短几天内便打造出了这一高能场景，可以与支付宝相媲美。支付宝并没有放任逐流，而是尝试研究其他的高能场景，于2016年推出集五福活动。活动一经推出，支付宝的粉丝数量与稳定使用客户量迅速上涨。通过分析用户增长情况与企业知名度提升情况可知，支付宝所推出的集五福活动对其奠定市场竞争力具有极强的推动作用。支付宝的这一行为将自身平台与春节传统节日牢牢捆绑在一起，形成拥护者的一种习惯行为，通过这一习惯行为的高能场景打造，支付宝平台用户的整体黏性更强。

资料来源：根据网络资料自行整理。

五、提升高能场景

    高能场景打造形成后，可以满足创业项目初期的场景需求，但随着市场竞争不断激烈，所处的竞争环境也更加复杂，需要不断对高能场景进行提升与完善，这样才能保持持久的竞争力。

案例2-9 **花样集福 福气共享**

    2016年支付宝首次推出集五福活动，获得的市场反响良好，但用户普遍反映，所发放的敬业福数量太少，真正能够集齐五福的人数比例比较低，这导致部分用户由于没有集得五福，失去信心。2017年，支付宝集五福活动攻略发生明显转变，能够集齐五福的人数明显增多，并且不是平分奖池，而是凭手气随机分得一定的金额，奖池中最高的奖金为 666 元。这一规则推出后，使得集五福的参与人数再一次上涨。2018 年，支付宝再一次对集五福的高能场景进行打造，形成极致场景，用户不仅能够通过集五福的方式，凭手气分得支付宝红包，还可以收集万能福，在缺失某一张福卡的情况下，把万能福转变成任何一张福卡，以获得瓜分支付宝红包的资格。2019 年，支付宝在集五福活动中上线了花花卡，拥有此卡的用户可以参与"全年帮还花呗"抽奖活动，大奖共有 2019 份。2020 年，支付宝集五福的方式发生转变，用户不仅可以通过"AR 扫福"或"扫一扫得福卡"，还可以通过蚂蚁森林浇水获得福字。支付宝共推出了全家福卡、福满全球等多种活动，拥有全家福卡的用户可以抽取帮全家还花呗的大奖，而拥有福满全球福卡的活动，可以免费参加全球九大地标旅游项目。通过研究支付宝集五福高能场景的升级打造，我们可以发现，支付宝平台在打造了集五福高能场景后，始终围绕着这一场景进行极致升级与迭代，但不同玩法的更新，使用户在高能场景中拥有更佳的极致体验，每年都能将用户的参与积极性激发到最高点。我们在创业场景打造中，也可以围绕一类高能场景进行极致升级，使高能场景的市场营销能力不断提升。

资料来源：根据网络资料自行整理。

第六节 通关练习

课程目标

● 熟悉各章节知识点。

● 独立打造创业场景。

以"民宿"项目为例，绘制 SWOT 分析表、用户画像分析表、产品分析量表、场景分析量表等。

【参考答案：以"民宿"项目为例】(见表 2-2 至表 2-5)

表 2-2　SWOT 分析表

优势(S)	第一个市场进入者，市场里没有同类产品，占据客户心智的成本较低；房东可以赚钱，租客使用方便，可以按价格、位置、时间进行搜索，查看房东信息，仅需三次点击即可完成预订
劣势(W)	平台技术不成熟
机会(O)	品牌和设计比一般的旅游平台更有吸引力，更赚钱
威胁(T)	美团、去哪儿等成熟平台抢占资源

表 2-3　用户画像分析表

序号	用户群体	用户圈层	用户标签	营销策略	成功率测算	分析结果
1	青年	粉丝用户	拿得下	抖音、微博、微信朋友圈宣传	10%	
2	中年	普通用户	找得到	讲座、传单宣传	5%	

表 2-4　产品分析量表

需求	市场需求		旅行者想体验城市风情，向当地人预订房间或者成为租房客
	根本需求		酒店价格昂贵，无法体验民俗风情
产品打造	最小可用产品阶段	种子用户数量	500 万
	迭代升级阶段	种子用户数量	100 万
	生长成熟阶段	种子用户数量	200 万
		粉丝用户数量	80 万
		普通用户数量	100 万
产品评估	可行性		产品创业符合市场需求、产品服务符合消费者需求、产品技术合理
	好成交		按城市搜索，在线浏览可租房源，可通过显示地理位置、预订、在线支付三步成交
	能挣钱		Airbnb 按订单抽佣，每单收取 10%；以每年 8400 万次预定的交易规模看，以每次预定 3 晚，每晚 80 元(目前 Airbnb 平均每晚 70 元)，可以抽成 25 元，预计 3 年后的收入是 21 亿元
	可复制		平台只要搭建一次，用户即可不断重复使用
	易运营		通过网络平台运营，制定成交规则，无须线下交易，人工成本较低
	产品能量测算		产品触达用户数量/成交数量=15%

表 2-5　场景分析量表

场景	情景	人(who)	旅游人群
		时间(when)	中午、晚上休息时间
		地点(where)	房间
		情形(what)	住宿房间，了解当地的民俗风情，参加当地的民俗活动
		为什么(why)	预订酒店昂贵，没有烟火气
	产品	产品(how)	在线网络预订民宿
	场景能量测算	订单率	15%
最小生存闭环		用户	8500万
		核心竞争力	市场无类似平台，市场广阔
		产品	在线网络预订民宿
		场景	住宿房间，了解当地的民俗风情，参加当地的民俗活动

第三章　创　业　竞　争

- 认清创业竞争的来源。
- 掌握创业竞争核心。

三 创业竞争

1 竞争对手分析

- 查看关键词重叠的网站
- 找到竞争对手
  - ?? 看看谁在投放广告
  - 做调研
- ② 背景调研
  - 成长故事
  - 规模 背景 财务...
- ⑥ 尝试购买
  - 深度了解购买流程 成为客户
  - 产品、服务等
- ③ 研究竞争对手的产品和服务
  - 用户评价
  - 价格 优势和劣势
- ④ 熟悉竞争对手的目标和定位
  - 市场 用户
- ⑤ 调研竞争对手的经销渠道
  - 网络
  - 经销商
  - 实体店

2 营销链路

- 概念统一
- 开始重视消费者购买路径和生命周期
- 认知营销链路

营销链路对创业者的影响
- 复杂
- 需要懂得多
- 可串联多种营销手段

3 评测营销链路
通过数据分析评测营销链路

获取数据指标
- 用户数据指标
- 商品数据指标
- 行为数据指标

业务分析
- 数据分类
- 业务指标
- 分析测评

如何建立营销链路
- 策划一个有吸引力的产品招商方案
- 选择合适的经销商
- 选择合适的渠道模式

营销链路的触发
- 营销链路的用户内部触发渠道
- 制作与用户潜在感知相关联的内容

营销链路的提升
- 链路中用户数据的沉淀与运用
- 链路中不同触点的衔接与配合
- 链路中的激励机制对于人性的把握

New 链路营销的新机遇

第一节 竞争对手分析

课程目标

- 学会分析竞争对手。
- 学会捕捉竞争对手的优势。

即使是在一个很小的市场里，只要创业者了解市场的行情、竞争情况及自己的竞争力，就能大幅提高自己对投资人或者消费群体的吸引力。以普普通通的沙县小吃店为例，虽然从市场规模分析，小吃的市场规模庞大，但一个店铺所能够占据的市场份额是微乎其微的。沙县小吃在全国各地都有很多的连锁店，这些门店在小吃菜品上十分雷同。初期沙县小吃火遍全国，但随着消费者光顾的次数增多，渐渐地便觉得沙县小吃没有什么新意，总是千篇一律。如果能够使沙县小吃拥有不一样的门店装饰、更高的翻台率、更好的餐品质量、更合理的毛利水平，那么是不是就会使沙县小吃具有低成本扩张门店的能力？解决这一系列问题，需要我们对竞争对手进行分析，同样以沙县小吃为例，在相同的装饰、相同的菜品质量下，如何打出差异化竞争牌，便需要对所处的市场环境与竞争对手进行综合分析，并从消费者需求角度，进一步调整菜品质量与门店设计方案。而竞争对手分析的第一步便是要找到竞争对手，即使是沙县小吃这样的小门店，其竞争对手也不单单是在这条街上的其他小吃店铺中，更涵盖了同类大众消费的餐饮门店。我们在对竞争对手进行分析时，具体可以从以下几个步骤着手。

一、找到竞争对手

对于竞争对手，在创业准备与启动阶段，我们可以将其定义为在同一市场领域中解决相同问题的其他创业场景或者公司。例如百事可乐的竞争对手便是可口可乐，乐事薯片的竞争对手便是可比克、上好佳等。分析到这一点时，我们很容易犯一个共性错误，即认为所有类似的业务都是自身创业准备时期的竞争对手。以餐馆和甜品店为例，虽然这两者都是人们吃饭的地方，但两者之间并不存在直接竞争，因为餐馆是供顾客用餐的，而甜品店则倾向于提供小吃点心。解决相同问题的公司如果面对的服务对象不同，包括企业或个人用户等，那么目标用户群体会有明显差异或者完全不同。此时，我们在寻找竞争对手时，并不将这一类企业认定为竞争对手。

我们应找到与自己创业场景相关的 3～5 个竞争对手。在寻找与分析竞争对手时，前期目标竞争对手寻找得越多越好。寻找竞争对手可以使用三种常用的方法：一是查看关键词重叠的网站，二是查看谁在投放广告，三是做市场调研。

(1) 查看关键词重叠的网站。例如创业者从事的是食品类产品的生产销售工作，那么在查看关键词重叠的网站时，便可以了解自身所从事领域的相关企业网站，通过网站查找并快速定位竞争对手。

(2) 查看谁在投放广告。广告营销是企业创业中最为关键的一个环节，我们在寻找竞争对手时，可以通过观察了解谁在投放广告，根据广告对应的目标客户群体来分析该企业是不是自己的竞争对手。在关键词重叠网站查找时，可能会出现同一企业为获得更大曝光量设置多个关键词，这可能会导致我们对竞争对手的定位不准确。此时，我们可以通过观察投放广告，了解企业的业务模式，这样能够更直接地分析该企业是否处于自己的竞争范围。

(3) 做市场调研。前两种查找竞争对手的方法更倾向于运用互联网技术，在互联网如此便利的条件下，用户产生需求时会先通过浏览器搜索相关产品，因此在通过关键词检索后，会根据涵盖范围情况确定具体的竞争对手类型。但对于竞争对手的查找与定位，不能仅仅依靠互联网，更需要线下调研的配合。通过线下调研，能够真实地了解用户使用产品的习惯。在所调研范围内，任何能够替代创业者或者创业者想要替代的对象，都将成为创业场景打造的竞争对手。

二、背景调研

了解竞争对手是如何建立的，以及他们成长背后的故事，了解对手的规模、背景和财务状况等非常必要。我们在确定了竞争对手后，会先做背景调研。成功往往是不可复制的，但成功背后的经验却是值得我们学习的，了解竞争对手成长背后的故事，竞争对手如何在该领域形成规模并占据一定的市场份额等，可以帮助我们更好地制订差异化竞争方案。

除此之外，竞争对手的背景也客观地反映了所处创业领域的市场环境情况。因此，在对竞争对手进行背景调研的同时，我们也需要结合所处创业领域市场环境来开展相关工作。

三、研究竞争对手的产品和服务

完成竞争对手背景调研后，要重点对竞争对手所提供的产品与服务进行调查。了解竞争对手当前的产品与服务情况，等同于掌握了创造市场竞争优势的关键因素。然而，这并不意味着我们在打造创业场景时，要完全复刻竞争对手的产品与服务。

相反，我们应该在深入了解市场发展竞争规律的基础上，打造出具有自身特色的解决方案。我们可以尝试购买或体验竞争对手所提供的产品与服务，并在体验过程中记录这些产品与服务的功能，这样能够更直观地了解竞争对手的产品与服务现状。由于个人的体验能力有限，我们在对竞争对手进行分析时，如果没有足够的人力与物力体验竞争对手的所有产品和服务，还可以通过价格、用户评价、优势和劣势等方面分析其产品与服务现状。

(1) 价格。除了了解竞争对手的产品或服务的定价，还应该注意竞争对手的销售折扣，以及销售中所采取的促销方案。

(2) 用户评价。对于用户评价的获取，我们可以利用线上销售平台初步了解相应产品的用户评价，重点关注评分较低的评价。这些评价能够帮助我们更直观地了解竞争对手在产品或服务上所存在的劣势。

(3) 优势和劣势。在初步了解产品概况，调研产品价格和消费者评价，汇总产品信息后，我们可以得到一份分析报表。该报表详细梳理了竞争对手在产品或服务推广中所对应的竞争优势与劣势，以及产品在同类型市场中的未来发展前景，帮助我们了解打造创业场景时所面临的挑战，快速定位自身在当前市场中存在的不足，便于我们制订差异化产品或服务方案。

四、熟悉竞争对手的目标和定位

同样以餐馆和甜品店为例，即使两者均出售食品，由于他们的目标和定位不一致，因此在市场中并不会形成直接竞争。这一点可以引申为我们在分析竞争对手时，要知道竞争对手将具体的产品或服务提供给了谁，也就是竞争对手的目标市场。熟知竞争对手的目标市场后，我们要继续深入地了解竞争对手希望客户如何看待他们的产品或服务，了解竞争对手自身在市场上给出的自我定位和品牌定位。只有这样，才能根据竞争对手的目标和定位，更好地确定自身的创业定位，以便在目标市场内吸引更多的目标群体。

对于中小型企业或个体商铺，我们可以通过分析市场细分情况来了解竞争对手的目标和定位，即产品或服务所针对的消费者群体。如果竞争对手规模较大，在市场具有高影响力，我们可以直接阅读媒体对该公司高管的访谈，访谈中经常会提到他们迎合的对象。除此之外，我们还可以在产品和定价页面中了解相关信息，因为有些公司会以目标细分市场命名不同的价格计划。

五、调研竞争对手的经销渠道

经销渠道是竞争对手向目标客户群体或用户提供具体产品与服务的方式。在互联网时代，某些公司的产品经销渠道十分简单，他们会直接选择在网站或者零售店进行售卖。也有一些公司的经销渠道管理十分复杂，可能会涉及不同的批发商和零售商，产生庞大的供应链，这些公司通常以直播带货业务为主。在对竞争对手的经销渠道进行调研时，要先分析竞争对手所选择的经销方案属于单一传统的线上联合线下营销模式，还是属于经销渠道复杂、供应链庞大的带货平台。调研竞争对手的经销渠道，可以简单地理解为竞争对手货物、原材料从哪里获取，经过加工后以怎样的方式销售。在对竞争对手的经销渠道进行调研时，可以帮助我们快速地了解创业场景打造中前期成本投入规模，掌握所处创业领域中的经销渠道的大致情况，了解货物原材料的进货方案，并根据不同经销渠道下竞争对手的销售能力、市场占有规模，分析出最适合创业产品或创业服务经销的渠道方案。

六、尝试购买

想要更全面地了解竞争对手的产品或服务，最有效的方法就是尝试购买产品，成为他的客户。我们要评估的不仅仅是竞争对手的产品与服务，更重要的是评估整个购买流程。当我们选择购买竞争对手的产品或服务后，就意味着我们在购物车中添加了该类产品，或者在实体店中订购了产品或服务。整个消费体验过程中是否顺利，是否遇到问题或障碍，竞争对手在产品或服务销售推广时是否有需要完善的部分，这些都是我们在尝试购买时需要特别关注的。除此之外，还需要掌握对手所选择的营销策略，也就是我们在尝试购买竞争对手的产品或服务时，他们是否尝试出售更多的产品，或提供更周到且更昂贵的服务，以及是如何做好升级营销的。通过以用户或消费者的身份切实体验整个购买流程，我们可以学习竞争对手让我们感到满意的部分，对仍有欠缺、需要持续强化的部分进行总结，以积累经验，为我们后续打造创业场景实践提供帮助。

第二节　营销链路

课程目标

- 认知营销链路。

- 学会构建营销链路。

一、认知营销链路

与 KOC(key opinion consumer，关键意见消费者)、私域流量等名词一样，链路、全链路营销、后链路营销等已不算作全新的概念。国外对应的概念包括消费者旅程(customer journey)和购物路径(path to purchase)等，这些词以前可能翻译为"消费者购买路径"，现在用"链路"这一概念替代，便于理解，提高沟通效率。对链路营销的思路、链路等概念的热议，可引发大家对消费者购买路径和生命周期价值的重视，对行业发展有积极的意义。

二、营销链路对创业者的影响

以数字营销为例。2019 年，秒针营销科学院(MAMS)发布了 2019 版"中国数字营销图谱"，该图谱新增了以数字化转型为终极目标的登山图，并列出了数据、内容、触点和交易这 4 种资源的路径。每个资源路径都涵盖了无数的细分领域，例如：数据涉及第一方数据、第二方数据、第三方数据及数据中台；内容涉及 UGC(用户生产内容)、PGC(专业生产内容)、BGC(品牌生产内容)、DCO(动态创意优化)；触点包括网站、电子邮件、搜索引擎、社交媒体、数字广告等；交易涉及各种电商站内站外相关场景及新零售等。细数起来，这至少涉及几十甚至上百个不同的细分领域和概念。仔细研读后不禁感慨，现在做数字营销简直要十八般武艺样样精通，至少得明白数据营销是什么，不然谈何"整合"与"链路"？虽然看似复杂，但是如果用"链路"来作为脉络，就可以理顺了。无论是采用 AIPL(awareness, interest, purchase, loyalty)模型，还是 EEIA(exposure, engagement, influence, action)模型，尽管它们在叫法上有所不同，但本质上都描述了消费者从初次接触到品牌/产品，再到产生购买行为，以及购买后的行为(如复购或忠诚度)过程。从这一链路思维的角度来看，它强调了针对不同消费者购买阶段应采取的不同策略和方法。这种思维不仅把纷繁复杂的营销视角重新聚焦于消费者，还能够串联起越来越多的营销手段，从而有效地促进消费者购买，实现销售增长这一最终的商业目标。

三、如何建立营销链路

1. 策划一个有吸引力的产品招商方案

企业招商，往往是建立营销链路的第一步。对于企业来说，招商的成功预示着好的开头，因为接下来的事会比较顺利。但是，很多小企业由于策划能力有限，对招商工作不重视或者操作不当，就会造成以下尴尬的局面：明明是一个不错的产品，问津者却寥寥无几。在确定创业项目招商之前，要解决三大问题：一是提炼产品卖点，二是设计推广方案，三是制定配套的销售政策。在此基础上，企业才能制订切实可行的招商方案。招商策划书一定要阐明以下几个要点：一是要科学地预测市场潜力和消费需求；二是要详细分析经销本产品的盈利点，以及经销商自身需要投入的费用；三是要向经销商清晰说明如何操作本产品市场，如可能遇到的难题及相应的解决方案等。目前，招商骗局很多，经销商选择厂家达成合作时非常谨慎，所以企业要注意树立自己的品牌意识，招商人员要经过严格的专业培训，以确保他们能热情而又不失分寸地接待经销商，并使用规范的接待用语。通常比较有想法或者想有所作为的经销商比较注重以下5点：一是企业的实力；二是企业营销管理人员的素质；三是推广方案的可操作性；四是产品市场需求和潜力；五是经营该产品的盈利情况。招商成功往往离不开具有轰动效应的招商广告，但当前媒体上所见的招商广告普遍存在过分夸大和空洞吹嘘的现象。对于小企业而言，更实在的策略是坦诚地说出自己的弱点，并明确表明自己的决心，以赢得经销商的重视。有时候，过分夸大市场效果的广告可能只会吸引纯粹的投机商，而实在、真诚的广告宣传反而更能吸引那些注重商业道德和长期合作的经销商。

2. 选择合适的经销商

经销商是小企业产品在市场上赖以生存并发展的支柱。小企业由于缺乏经济能力，无论在整体推广还是在与渠道经销商谈判的筹码上，均无法占据主动权。因此，小企业选择合适的经销商并与之合作，就显得尤其重要。大而强的经销商必然要求也高，同时因为这类经销商经常与大品牌企业合作，所以往往盛气凌人，一般的小企业往往很难驾驭他们。企业选择经销商时，切记选择合适的渠道伙伴才是最重要的。所以小企业选择合作的经销商，多是那些刚起步做市场的，经济实力和市场运作能力较一般的，正是由于这些因素，这类经销商才非常需要企业的支持，同时这类经销商对合作的企业忠诚度比较高，不像那些大经销商要求较多。如果企业的销售政策完善，具体描绘了企业的发展远景，基本上能吸引他们，企业也可以与之愉快地合作。选择这样的经销商加盟，就可以让经销商按照企业的发展战略去运作整个市场，促使整个渠道网络的稳固发展。同时，有一点要特别注意，由于这类经销商的资金实力和运作市场的能力均有限，需要企业保持高度的警惕和具备强劲的市场管理团队，以指导和协销的方式帮助经销商与企业共同成长。

3. 选择合适的渠道模式

渠道模式的选择或者规划，是小企业建立营销链路的必要步骤，但小企业由于品牌知名度、经济实力及市场管理能力都比较弱，因此初期采取省级总经销制这样的渠道模式比较合适，也就是每个自然省只选择一个经销商，因为这个时候你的产品销售力不够，销售区域过于狭小的话，则无法满足经销商的需求，从而引起区域窜货情况的发生。所以，可以每个省选择一个经销商，然后由省级经销商自主向下游招商，组建本省区域的销售网络。如果企业人员充沛，可以协助经销商招商，开拓区域市场，这样经销商会因为企业的帮助而心存感激，即便将来壮大了，也会继续与企业合作。如果某些经销商欲跨区域销售，企业可以酌情予以考虑，假如该经销商欲跨入的区域尚没有合适的经销商，而该经销商又有现成的网点，不如顺水推舟，做个人情，待条件成熟后重新划分区域。

案例3-1 化妆品公司的营销链路

　　某化妆品公司在建立销售网络的初期采用了以下方法。由于A经销商的网点能力较强，可以开展A、B两省的业务，所以化妆品公司同意其为A、B两省的经销商。这使企业的产品在市场上的能见度很高，并且有了足够的现金流。三个月以后，整个市场开始动销起来，由于A经销商同时做两个省的业务，应接不暇，所以该化妆品公司顺势而为，在B省重新招了一个经销商，劝说A经销商退出B省市场。

　　资料来源：根据网络资料自行整理。

　　小企业在建立渠道初期，应灵活应变，迅速占领市场，为今后的发展做好系统的规划。

四. 营销链路的提升

1. 链路中用户数据的沉淀与运用

　　媒体是否有足够的活跃用户及相关用户，以及用户数据是否能够（在合法合规的前提下）支持营销运用，对于品牌营销而言至关重要。目前，在国内的互联网格局下，用户数据往往沉淀在媒体端，比如在微信朋友圈广告中搜集到的用户行为数据在腾讯广告平台中沉淀，很难完全沉淀到品牌自有的数据中台。因此，在设计触点和机制的时候，如果希望活用这些用户数据，需要尽量选择同一个"生态"里的平台，这样在"打通链路"的时候（比如从互动到购买）才会有更好的用户数据进行支持。

2. 链路中不同触点的衔接与配合

　　消费者从接触到购买的过程中会涉及不同的触点。要实现这些触点的衔接与配合，首先要找到合适的桥梁。以前，营销链路经常扮演引导、搜索的角色，比如线下的广告会放"请搜索×××关键词"连接线上；而现在，经常通过社交媒体或者二维码来实现，比如扫码连接到微信小程序。其次要保持用户在不同触点之间的连贯性，并且在内容创意上有直观的体现，比如风格、元素、文案的前后呼应等。

3. 链路中的激励机制对于人性的把握

在消费者行为链路中，消费者往往是需要被激励的，比如互动、分享等。而激励机制的设计就涉及对消费者心理及行为需求的把握。比如近期流行的社交裂变机制(如拼多多)，就是围绕着用户对利益刺激及类似于分销机制带来的收益递增的需求而设计的。

五、营销链路的触发

1. 营销链路的用户内部触发渠道

内部触发是指通过内部渠道，如唤起用户自身的欲望或用户潜在的感知，让其认同产品，产生归属感，进而顺其自然地购买产品，成为忠实用户。找准用户的需求是让产品产生吸引力的核心，而用户购买产品的需求则产生于欲望或痛点。

2. 制作与用户潜在感知相关联的内容

第一步是明确 5 个问题。"who"，即"我"是谁。企业要先明确自己制作这个内容的目的。"say what"，即"我"要写什么。"which channel"，即传播的渠道。例如，企业要利用微信平台传播，内容就要按照微信用户的阅读习惯创作。"to whom"，即传播的受众是谁。例如，有些产品的用户是专业人士，而有些产品的用户是大众消费者。"with what effect"，即内容最后想要达到的效果。例如，有的内容是想要获得新用户，有的内容是为了增加用户的购买率。

第二步是抓住技巧。一是利用某事件的影响制造爆点，这种方法就是常说的"蹭热点"，借助事件的影响力打响品牌热度。二是在细分群体中形成话题，为垂直细分用户制作专属内容，并引导用户讨论该话题。

(1) 引起好奇(appeal)。用准确的定位占据用户心智。品牌个性是品牌建设的一部分，打造个性品牌需要企业洞察市场与用户，同时输出品牌的价值观，找到符合企业发展的最佳策略。无论是悬念设置、文案设计，还是品牌故事、内容，都要符合产品定位，然后通过大胆创新，塑造品牌的个性，最后对品牌的个性进行固化。

(2) 持续优化内容。企业要确定目标人群，好的内容是以用户为导向的。一种产品的适用范围是有限的，要以产品的定位锁住一定的人群，有的放矢地向他们输出内容，满足他们的需求。第一，企业要保证持续产出优质内容。不断输出的优质内容是用户黏性和忠诚度的保障,企业要根据自己的能力合理规划内容发布的频率，不能三天打鱼、两天晒网。第二，产品要有差异性。现在市场中的产品大多同质化严重，企业需要将产品的定位与用户的需求进行特定的连接。第三，内容是为用户服务的，它的价值在于能否满足用户的需求。因此，内容只有具备用户所需的价值，才有可能获得用户的认可。那么，什么是符合用户所需价值的内容呢？简单地讲，就是用户需要什么，企业就提供什么；用户有什么问题，企业就为他们提供帮助，解决问题。所以，有价值的内容一般有以下几点特征。

① 引起用户的共鸣。情绪能够吸引用户的注意，增加记忆点并诱发购买行为。不论是积极的情绪，还是消极的情绪，都能成为驱动力。

② 制作精良。原创的内容包含作者独特的思想，具有一定的趣味性，可读性强，发人深省。

③ 内容能够发挥一定的作用。内容可以是增长见闻的知识，也可以是日常生活中的实用小技巧。总之，干货越多，就越能被消费者接受。

有价值的内容能够吸引最广大的用户群体，不仅营销成本低、效果好，还能与用户建立紧密的联系，提高用户的忠诚度。

(3) 提升品牌知名度。提升营销链路的覆盖广度。品牌知名度是指消费者认识品牌的能力，它分为三个层次。一是品牌识别，它可以让消费者找到熟悉的感觉，而"熟悉"恰恰经常是人们购买某样东西的理由。二是品牌回响，它可以左右潜在消费者的购买决策，把品牌优先列入消费者的备选。三是第一提及知名度，它是品牌知名度的最高层次，意味着消费者会在决策时优先考虑品牌，企业也会因此具有较强的竞争优势。提升品牌知名度，可以加大品牌覆盖广度，使品牌更容易传播出去，让消费者主动来寻找品牌。

(4) 建立产品认知。企业主必须对自家的产品了如指掌，这样才能针对产品做出有效的营销策略，这也是提升品牌知名度的根本。那么，如何才能建立对产品的认知呢？下面介绍两种简洁且实用的模型。品牌的进步和创新都需要营销人员重新建立新的认知，以了解产品的效果、作用等。营销人员只有足够了解产品，才能更好地为消费者服务，打响品牌的知名度。提升产品的美誉度后，企业就能通过长期积累的口碑提升品牌的美誉度。品牌的美誉度是全方位发展品牌知名度的基础，反映了品牌在消费者心中的形象和价值水平。营销人员应当了解，只有长期地经营培养，才能长久地保持品牌的良好形象，建立品牌的美誉度，扩大品牌的传播范围。

(5) 塑造产品个性。企业要让品牌在趋于同质化的市场中脱颖而出，吸引消费者的目光，就需要先实现产品个性化，让产品更加贴近消费者的需求。产品的个性化是指自己的产品与竞争对手相比，在某一方面或者整体上拥有其他产品没有的特殊性。除此之外，产品的个性化要建立在产品的高品质基础上。企业在以顾客需求为导向设计个性化产品的同时，不能放松对企业的内部管理及生产制度的优化和改善。高标准的产品和服务是产品和品牌的核心竞争力。

(6) 稳健产品结构，巩固品牌地位。营销人员需要具备的最后一项思维能力是明确产品的价值。产品的价值是消费者对产品进行选择的首要因素，是由消费者的需求来决定的。因此，营销人员要细致地分析产品价值的组成，瞄准用户需求，这样才能让品牌在消费者心中占据优势地位，扩大其在市场上的影响力。

(7) 深度种草(deeply recommend)。链接商品的不是媒介，而是"人"。营销人员在开展了一系列营销活动之后，品牌应该已经给用户留下了深刻的印象，甚至有些用户会因为品牌的知名度、优质的服务、高性价比等成为品牌的积极拥护者。此时，企业就可以着手收获活跃用户，激活用户价值，促进品牌力的提升。

(8) 众媒养成(mass media cultivation)。任何触点都可以成为用户转化的传播源头。企业营销的最终目的就是促使更多的用户转化，为产品贡献销量。链路营销是一个销售闭环，其中任何一个场景都可能成为用户转化的触点。而企业要做的就是把握好这些转化的关键点，沉淀用户，让他们成为企业资产。链路营销的最终目的是将用户锁定在自己的营销闭环中。因此，沉淀私有用户资产对企业尤为重要。

(9) 口碑建设(word of mouth building)。迎接链路营销下的消费主权时代。在互联网时代，营销重心逐渐从品牌、产品过渡到用户，口碑营销因此兴起。企业开始重视"人"的作用，用户不再是被视为"一次性产品"，而是被视为企业资产的重要组成部分。口碑是创造价值的关键。睿智的公司会借助口碑效应，把产品做好，并且不断努力让优质产品变得价格亲民，让用户付出的每一分钱都物有所值。在我们的一切业务运转中，用户始终是我们考量的核心。口碑营销是指企业在明确市场动向的基础上，为消费者提供真正贴合他们需求的产品和服务，同时制订一系列推广计划，让消费者主动将这种服务体验传播出去，让更多的人通过这种口碑建设了解产品和品牌，最终实现企业收益的提升。

(10) 口碑促进用户购买流程持续循环。建设口碑的最大优点之一就是能够促进用户的二次消费，对于获取流量成本高的企业而言，这无疑是一个巨大的福音。当用户重复购买产品，甚至成为品牌的忠实粉丝时，他们将持续为企业贡献效益，真正实现了一次拉新、永久受益。消费者心目中的价值是由企业内部一系列物质与技术上的具体活动与利润构成。当你和其他企业竞争时，实际上是内部多项活动在进行竞争，而不仅仅是某一项活动的竞争。循环营销并非关注单个环节，而是涵盖了企业的产品、服务、渠道、价格等各个环节。要想让消费者反复购买产品，就要以消费者为核心，把这些因素串联起来，而不是割裂开去宣传。循环营销实现了循环持续销售，老用户会持续购买产品，为企业贡献价值。那么，在实际的销售过程中，企业销售系统是如何进行循环的呢？广告为企业带来首批随机消费者，通过深挖这批消费者的需求，令他们在各个渠道购买产品，成为消费用户。这些用户在购买完产品后获得了优质的体验感，进而选择再次购买产品，成为回购用户，这是第一个循环。回购用户的口碑吸引新用户加入，他们在大数据的作用下，在各个渠道购买产品，成为消费用户。然后，这些用户因为一些原因选择成为回购用户，这是第二个循环。口碑和广告会持续不断地为企业带来新用户，然后他们受到吸引而购买产品，成为消费用户，进而成为回购用户，这是第三个循环。上述消费规律持续循环，使销售规模不断扩大，回购用户越来越多，就越能帮助企业持续盈利，这是最终的循环。

3. 链路营销的新机遇

品牌营销的核心不仅在于覆盖多少用户，更在于如何将各个触点有效地串联起来，构建一条有序且吸引用户的链路。链路营销的出现驱动了营销场景的数字化进程。通过串联各个营销场景，链路营销缩短了产品触达用户的时间，丰富了用户体验，并形成了对消费者环环递进式的强转化效果。

产品营销覆盖的场景越多，就越能深入用户的生活，使得引导用户完成购买的过程更加自然，交易也就更加顺畅。当然，企业在设计场景串联方案时，要保持开放的思维，不仅关注与产品直接相关的场景，还要考虑其他可能产生影响的场景。

与传统企业营销相比，链路营销更注重营销过程中每个关键节点对用户的影响。传统营销往往将广告与品牌放在一起，强调整体的营销效果，但却忽略了关键节点的作用，导致用户流失率高、转化率低等问题。而链路营销则强调将这些关键节点串联起来，让用户在有限的时间内快速记住产品，认同品牌价值，最终完成转化。

简而言之，营销过程中的每个节点都可能成为用户转化的关键。因此，企业要密切关注并把控好这些节点，以确保营销效果的最大化。通过链路营销的方式，企业可以更有效地引导用户，提升用户体验，并最终实现销售转化。

第三节　通过数据分析评测营销链路

课程目标

- 学会获取数据指标。
- 学会运用数据分析评测营销链路。

在企业运营中，数据分析始终是一项至关重要的工作，而在大数据时代，其重要性更加凸显。

对于创业型公司来说，数据分析对于运营的重要程度取决于多方面因素，包括公司的业务类型、所属行业、团队规模等。随着社会资源的数字化趋势日益显著，数据分析在企业运营中的作用将愈发重要。

互联网企业通过数据了解自身业务的运行情况，制定各种运营策略。例如，对于某款新上线的互联网产品(App)，企业可以借助数据分析来识别哪些人群对该款产品更为关注，进而将更多精力聚焦于这些相关人群，以迅速拓展业务。

一、获取数据指标

企业要想在当前大数据时代的红利中获益，一定要重视数据分析在企业运营中的作用。企业运营一定会产生各种数据，通过分析这些数据，能够实现数据价值化，而数据价值化能力将在一定程度上决定企业未来的发展能力。

创业型企业通过数据分析可以全面提升自身产品或服务的设计能力。目前，已有大量企业开始将数据分析应用于产品设计之中，这能够在很大程度上避免对市场的"误判"导致的损失，对于传统行业的创业者而言，这一点尤为关键。

从企业管理的角度上来说，数据分析能够更全面地呈现出每个岗位的工作价值，以及每个员工的价值曲线，同时可以通过数据分析来引导员工的工作方向，从而提升岗位工作效率。

在数据分析中，一般会将数据指标分为用户数据指标、行为数据指标、商品数据指标三种。

1. 用户数据指标

(1) 日新增用户。日新增用户指每天新增用户的数量，可通过这个指标衡量渠道的引流效果。我们可以借助日新增用户的变化趋势，调整推广的方向。

(2) 活跃率。活跃率是活跃用户数占总用户数的比例，可反映网站、互联网应用或网络游戏的运营情况。根据不同的统计时长，可将活跃率分为日活跃用户数量(DAU)、周活跃用户数量(WAU)、月活跃用户数量(MAU)。不同的产品对于活跃用户的定义存在差异，有些产品只要用户登录 App 就算作活跃用户，而有些产品则要求用户实际使用才算。具体的定义方式会根据业务需求进行划分。同时需要注意的是，统计人数的时候需去重，根据人数计算而不是人次。活跃率越高，带来的转化就越多。我们可以根据活跃率的变化来调整推送内容的方向。

(3) 留存率。留存率是用于反映网站、互联网应用或网络游戏的运营情况的统计指标，其具体含义为在统计周期(周/月)内，每日活跃用户数在第 N 日仍启动该 App 的用户数占比的平均值。新用户在使用产品经过一段时间以后，可能会流失一部分，这部分就是流失用户，而留下来的就是留存用户。留存率=留存用户数÷第 1 天新增用户数，根据使用天数，留存率一般分为次日留存率、第 7 日留存率、第 30 日留存率。同时，"使用过产品"也是根据业务需求而有不同的定义，视具体情况而定。

Facebook 有一个著名的 40-20-10 法则，即新用户的次日留存率为 40%，7 日留存率为 20%，30 日留存率为 10%。达到这个表现的产品通常被认为是较好的产品。留存率可以评估产品功能对用户的黏性，如果留存率较低，就需要尽快找到用户流失的具体原因，并多收集反馈信息，以了解哪些方面还需要改进。我们可以通过一个用户数据指标的"鱼塘图"(见图 3-1)来更直观地分析业务。先通过有效的宣传手段引入新用户(即日新增用户)；为了保持"鱼塘"的活力，通过各种运营活动来保持用户的活跃度，以增加转化的可能性(即活跃率)；然后，不断优化产品功能和内容质量，以避免用户流失(即留存率)。如此一来，每个环节都有不同的指标来辅助分析，不论哪个环节出现了问题，都能一目了然，从而可以有针对性地进行调整和改善。

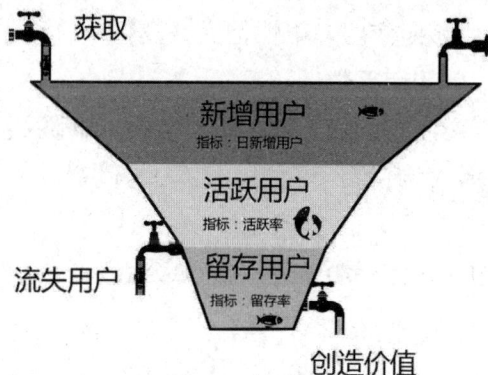

图 3-1 鱼塘图

2. 行为数据指标

(1) PV 和 UV。PV(page view)指访问次数，页面浏览次数，可重复计数。UV(unique visitor)，指访问人数，即在一定时间内访问页面的人数，需要去重。这两个指标可以反映出用户喜欢产品的哪个功能，不喜欢哪个功能，或喜欢哪个类别的商品，对哪类商品不感兴趣，进而有针对性地进行调整优化。

(2) 转发率。转发率是一条信息转发的人占看过的人的比率，反映了人们对此条信息的关注度，计算公式为

$$转发率 = 转发某功能用户数 / 看到该功能用户数$$

这个指标很好理解，主要是看内容或商品的质量，用户是否愿意分享出去，这个就需要在内容创作或者选品上下功夫去琢磨了。

(3) 转化率。转化率指的是在一定时间范围内，企业在线上或线下从事某项营销推广(比如竞价广告)活动时，成功完成转化行为的次数占推广信息总点击次数的百分比。我们可以通过这个指标分析某项业务是否吸引用户，能否带来转化，还可以结合前面提到的活跃率共同分析。

(4) K 因子(K-factor)。K 因子(K-factor)可用来衡量推荐的效果，即一个发起推荐的用户可以带来多少新用户。其计算公式为

K 因子 = 平均每个用户向多少人发出邀请 × 接收到邀请的人转化为新用户的转化率

当 K>1 时，用户群就会像滚雪球一样通过自传播不断扩大，此时非常有必要考虑如何提升转发率和转化率。

3. 商品数据指标

(1) 总量：包括成交总额、成交数量、访问时长等，具体如下。

① 成交总额(GMV)：包括销售额、取消订单金额、拒收订单金额和退货订单金额。可以与实际成交金额结合进行分析，计算出实际支付的情况，分析从下单到支付的环节中，如何优化能够促使用户更快地完成支付。

② 成交数量：即下单的商品数量。

③ 访问时长：即用户使用 App 的时间，或者访问网站的总时长。

(2) 人均数据：包括人均付费、付费用户人均付费、人均访问时长等，具体如下。

① 人均付费(ARPU)：也叫客单价。其计算公式为

人均付费 = 总收入/总用户数

② 付费用户人均付费(ARPPU)：用来分析整体用户的付费欲望及付费用户的质量，从而指导后续的经营策略。其计算公式为

付费用户人均付费 = 总收入/付费人数

③ 人均访问时长：即用户停留在该页面的人均时长。若人均访问时长较低，则说明内容不能吸引用户；若人均访问时长较高，则说明内容值得用户借鉴。其计算公式为

人均访问时长 = 总时长/总用户数

(3) 付费：包括付费率、复购率等，具体如下。

① 付费率：即付费用户占总用户的比例。付费率越高，说明用户整体质量越高，越愿意为产品买单。其计算公式为

付费率 = 付费人数/总用户数

② 复购率：反映用户的付费频率。其计算公式为

$$复购率 = 消费两次以上的人数/付费人数$$

(4) 商品：一般有热销商品、好评商品、差评商品，从商品的角度出发，找出好的商品重点推销，不好的则要分析原因，是选品没选好，还是其他因素导致的。

结合以上三大种类的业务指标，可以更系统地辅助我们对业务进行有针对性的分析。

二、业务分析

1. 数据分类

以某母婴企业的业务评估数据分类为例，介绍如何对数据进行分类，如表 3-1 所示。

表 3-1　业务评估数据分类

数据类型		数据字段	备注
数据	用户数据	用户 ID	哪个用户
		出生日期	年龄
		性别	性别
	行为数据	购买行为编号	怎么购买
		购买日期	购买时间
		购买数量	买了多少
		种类编号（二级）	买了什么
		商品类别（一级）	
		商品属性	
	商品数据	种类编号（二级）	商品种类
		商品类别（一级）	商品类别
		商品属性	商品的属性

2. 业务指标分析测评

通过这些数据可以分析出以下业务指标。

(1) 转化率。汇总"购买行为"字段，计算出每种购买行为转化率的比重，以此来分析各购买行为的推广渠道该如何优化。

(2) 成交数量。通过计算"购买日期""购买数量"字段，可以分析出销量较好的时间段店铺进行了怎样的推广策略，借此来参考并提升后续的销量；同时，可以

75

分析是什么因素导致销量不佳，以做好预防工作。

(3) 付费率。可以通过计算出的付费率，判断该表中用户的质量，同时结合年龄及性别分布，分析付费用户的性别比重及主要的年龄范围。

(4) 复购率。通过计算分析，判断复购趋势，调整选品方向。

(5) 热销商品。通过分类汇总筛选出销量最高的"商品类别"(一级)及"种类编号"(二级)，分析该商品的成功之处，并做重点推广。

第四节 通关练习

课程目标

- 掌握营销链路实践知识。

- 独立完成营销链路通关练习。

以"民宿"项目为例，分析营销链路模块。

【参考答案：以"民宿"项目为例】(见表 3-2)

表 3-2 营销链路分析表

项目		内容
线上渠道	营销渠道描述	通过抖音、微信、微博等平台发布消息，做用户体验推广
	产品能量	15%
	场景能量	10%
	营销终端能量	12%
	营销链路能量	0.012
线下渠道	营销渠道描述	发传单，举办现场讲座
	产品能量	8%
	场景能量	6%
	营销终端能量	7%
	营销链路能量	0.0042

第四章　商业模式建立

- 掌握商业模式建立方法。
- 学会运用商业模式。

（四）商业模式建立

1 复盘与评估

（个人）回顾目标 · 评估结果 · 分析原因 · 总结规律 · P D C A

（团队）回顾目标 · 复盘目的 · 结果对比 · 叙述过程 · 自我剖析 · 众人设问 · 总结规律 · 案例借鉴 · 团队

2 商业模式构建

认知商业模式
商业模式是创业者在创业项目发展的不同阶段，通过优化资源配置，形成一个完整、高效且具有独立市场竞争能力的运行系统

商业模式的逻辑与作用
- 迅速使创业项目度过初创期
- 投资者衡量创业项目是否具有投资价值的重要因素之一

构建高能商业模式
要充分考虑、商业模式构成要素
重要伙伴 · 关键业务 · 客户细分 · 核心资源 ···

商 业 模 式

3 创意转化为商业模式

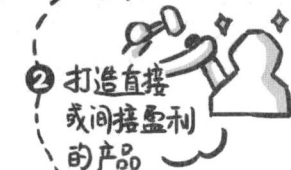

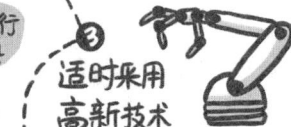

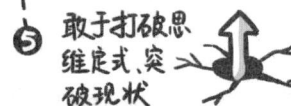

Idea ➡ 圆圆
① 商业化
② 打造直接或间接盈利的产品
③ 适时采用高新技术
④ 善于运用用户思维打造产品
⑤ 敢于打破思维定式，突破现状

6 商业模式验证与落地

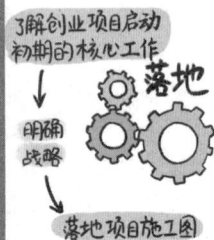

验证
目标市场是否真实 · 用户数增长率和营收增长率 · 留存率和用户活跃度 · 营销组织形式和营销方法 · 平均获客成本 · 平均客户收入 · 付费率和续费率 · 增长效率

落地
清晰企业的愿景和使命
了解创业项目启动初期的核心工作
明确战略
落地项目施工图

5 构建创业路线图

- ⑥ 学习项目 ▶
- ⑤ 制订创业计划 Plan
- ④ 选择项目 AB
- ③ 创业调研
- ② 寻求帮助 HELP!
- ① 获取创业知识

4 商业模式风险的预防

不断推进变革
战略联盟与合作
风险转移
预防
建立先行者优势
加快学习强化执行

风险
- 相关者接受的风险
- 不被市场接受或关键利益
- 财务风险
- 被模仿风险
- 外部环境变化的风险

第一节　复盘与评估

课程目标

- 了解创业计划复盘与评估的作用。
- 掌握创业计划复盘与评估的步骤。

一、复盘与评估的作用

对于创业者而言，复盘不仅不会使自己蒙受损失，还可以随时得到反馈信息，了解当下的情况，不让下次的"更好"和自己擦肩而过。对于参与创业的所有人，复盘也是一次残酷的自我解剖的过程。

复盘与评估的作用，简单归纳如下。

1. 不在同一坑里跌倒，避免重复犯错

虽然每次实践都不可能做到百分百完美，但在复盘的时候，我们能够知道哪些地方做得不尽如人意，原因是客观的还是主观的。如果能找到一些之前没有注意的"坑"，对自己而言也是一个大收获。同样的错误不再犯，是复盘追求的第一层次的目标。战术上的查漏补缺具有历史性，受环境因素干扰，且不易简单复制。但是有了战略层面的升维，战术上的重复犯错将会减少，甚至杜绝。

2. 知道团队强弱项，合理分工

复盘，到底在复什么？其实就是人和事，两者缺一不可。每个人都有自己的强弱项，如果分工合理，长板效应会凸显。反之，短板效应的危害也是有目共睹的。复盘追求的第二层次的目标在于了解团队中的每个人，实现合理分工，最终的目标不是彼此牵制，而是彼此融合和互促。

3. 知己知彼，磨炼内心

复盘一件事情的来龙去脉，还是对自己心理的成长和锤炼，是复盘第三层次的

目标，也是个人和团队在其中获得的最大收获。

4. 知道如何能做得更好，关键在细节

创业过程中存在着诸多细微的环节，这些环节相互关联、相互影响，共同决定了创业的最终结果。所以，复盘的过程也是将细节重新"暴晒"的过程。只有了解了哪些地方有可能做得更好，才能在下一次实践中进行迭代和升级。

二、创业复盘与评估的步骤

复盘的目的是分析过去某一段时间内产品和项目的工作情况及成果，并总结出可验证的规律或经验。具体步骤如下。

1. 回顾目标

P 即计划(plan)，指所设定的计划或目标。

无论是集团企业还是个体工商户，在开展任何一项工作之前，都不能忘记初衷和目的；在工作过程中，应当始终朝着所设定的目标去努力。然而，理想与现实往往存在偏差，会发生各种各样的情况，最终导致结果不尽如人意。因此，复盘分析的第一步是回顾目标。在开展工作时，不妨回过头去看看当初设定的目标。

2. 评估结果

D 即执行(do)，指做了什么，执行的情况如何。

结果是既成的事实，其好差、优劣都需要一个参照标准来评定。

我们复盘分析的第一步回顾的目标就是这样一个参照物。

通过对比，我们可以发现目标和实际结果之间的差距。这类似于比较两个数字的大小，情况可分为三种：

"大于"，即结果超出目标，表示完成情况比设定目标好；

"等于"，即结果与目标一致，表示完成情况刚好达到设定目标；

"小于"，即结果未达到目标，表示完成情况比设定目标差。

除了上面这三种情况，还有两种情况需要注意。

第一种是目标中的事项没有执行，此时结果可视为 0，这也属于结果未达到目标的情况，但需要单独讨论为什么设定了目标却始终没有行动。

第二种是结果中的事项未出现在目标中，通俗地说，就是比较数字大小时，却将结果改成了字母，那使得与目标(数字)的对比不再是简单地比大小。这说明我们做了目标计划之外的事情，需要探究为什么会出现这样的情况。

需要强调的是，关注的重点不是差距的大小，而是出现差距的地方，可以试着思考：为什么会出现这样的差距？

3. 分析原因

C 即检查(check)，指通过分析找到失败的原因和问题。

通过第二步的对比，我们找到了差距。那么，这些差距造成的原因是什么？我们失败了吗？失败的根本原因是什么？如果没有失败，那么我们成功的关键因素是什么……这些都需要进行深入的思考。对于发生过的事情，尤其是特殊时间节点的举措，我们应该一一罗列并进行深入反思，在分析原因时，既要考虑主观因素，也要考虑客观因素，尽量做到全面，并努力触及最深刻的"根因"。

4. 总结规律

A 即处理(action)，指总结经验，吸取教训，得出规律，行动验证，不断循环。这是复盘分析最重要的一步。上面所有的步骤都是为了得出一般性的规律，形成符合真相的认识。总结规律得出的结论是否正确，最好的方式是检验。复盘得出的结论是否可靠，必须在复盘时做出判断，一般来说可以通过以下三个原则来评判。

(1) 当复盘的结论落脚在偶发性因素上，那一定是错误的。如果复盘没有进入逻辑层面，没有经受住逻辑的验证，则这样的复盘结论一定是不可信的。

(2) 复盘的结论如果指向人，则很可能说明复盘没有真正到位。因为复盘得出的是规律性的认识，而人是具体的，各不相同。指向事，则复盘到规律的可能性更高。当然，这里的"事"不仅仅是指某件具体的事，还指人之外的事物。不要随意归因，例如说："如果出租车司机都开这么慢，那我以后都会迟到。"这样的归因会让分析方向走偏。复盘的结论不是指向人，而是应该从事物的本质去理解、分析。这是验证复盘结论是否可靠的标准之一。

(3) 复盘得出的结论，应该有过三次以上的连续的"为什么(why)"或者"为什么不(why not)"的询问。如果询问的次数不够，很可能意味着复盘没有找到真正的原因。探寻问题背后的问题，找出答案之后的答案，这就是追问的目的。

"孤证不能定案"是法律上的术语，也可以用来比喻复盘得出的结论。通过其他事情进行交叉验证，可以为结论的有效性提供一定的保障。

表 4-1 列出了复盘与评估的具体方法。

表 4-1　复盘与评估的方法

内容	步骤	流程
当初的目的或期望是什么	回顾目标	将目标清晰明确地在某一个地方写出，以防止参与复盘的人员中途偏离目标
	结果对比	结果对比的目的不是发现差距，而是发现问题，结果与目标的对比，有 4 种可能产生的情况：结果和目标一致，完成所设目标；结果超越目标，完成情况比预期好；结果未达到目标，完成情况比预期差；在做事的过程中新添加了预期没有的项目

(续表)

内容	步骤	流程
和原定目标相比有哪些亮点和不足	叙述过程	让所有复盘参与人员都知道事件的过程，不要把时间浪费在信息层面
	自我剖析	要客观剖析，分辨事情的可控因素，搞清楚到底是因为自己掌控的部门出了问题，还是别的部门出了问题
事情成功和失败的根本原因，包括主观和客观两个方面	众人设问	突破个人见识的局限，探索多种可能性及其边界
	总结规律	时间是检验规律正确与否的唯一标准，复盘得出的结论是否可靠，一般来说可以通过 3 个原则来评判：①结论落脚点是否发生在偶然事件上，当复盘的结论落脚在偶然因素上一定是错误的，复盘没有进入逻辑层面，没经过逻辑验证，结果一定不可信；②复盘结论是指向人还是指向事，复盘是要总结客观规律，人是变量，指向事，则复盘到规律的可能性更高，复盘的结论是从事物的本质去理解分析，这是验证复盘结论是否可靠的标准之一；③是否是经过交叉验证得出的结论，"孤证不能定案"是法律上的术语，用来比喻复盘得出的结论，通过其他事情进行交叉验证，可以为结论的有效性提供一定的保障
需要实施哪些新举措，需要继续哪些措施，需要叫停哪些项目	案例佐证	通过案例的阐述和分析，佐证结论是否正确
	复盘归档	进行复盘和归档，将这些认识知识化，方便传播和查阅；好的经验心得可以让人少走弯路，工作更顺畅

第二节　商业模式构建

课程目标

- 认知商业模式。

- 学会构建商业模式的技巧与方法。

一、认知商业模式

商业模式是创业者在创业项目发展的不同阶段，通过优化资源配置，形成一个完整、高效率且具有独立市场竞争能力的运行系统。商业模式决定着创业项目是否能够在市场中长远发展，也影响创业项目在不同发展阶段的市场竞争力。拥有完整的商业模式，我们的创业项目在运行中才能具有获利的能力，表 4-2 展示了常见的电商类商业模式。

表 4-2　常见的电商类商业模式

类型	商业模式	盈利构成	代表平台
B2C 型	传统零售商通过新建社交零售渠道，复制改良原有零售服务能力，实现新增量并在自有渠道体系内变现	商品销售+商家服务费	京喜、苏宁拼购等
S2B2C 型	借助自带社交电商基因(具有零组件商品供应、物流、售后等零售服务能力)的"卖货"平台，并通过小 B 分销、分享裂变等多种形式引流并实现变现	商品销售+平台入驻费	云集微店等
LBS 型	以特定物理空间(社区)为边界，背靠传统供应链，通过培育或签约团长进行社群运营，集聚规模订单并完成物流履约	商品销售	食享会等

二、商业模式的逻辑与作用

我们在创业项目初期启动阶段，由于并没有系统的产品或者服务产出计划，所以构建商业模式的难度比较大。为了迅速度过初创期，提升产品与服务的市场占有能力，可以通过复制的方法在短时间内快速推出产品与服务。但是，我们不能完全复制竞争对手或同类型企业的产品与服务，这样会因缺乏产品差异性，使得产品很难被消费者关注到。

在对商业模式进行复制时，我们要有选择、有创新，在短时间内快速了解同类市场中竞争优势突出的商业模式。我们构建商业模式的主要目的是最大限度地提升创业项目的市场生存空间，确保创业项目产出的产品能够顺利打通市场销售渠道。这也是我们在进行商业模式复制时需要保留一部分创新因素的主要原因。商业模式一旦构成，在后期运营中将始终围绕这一初始商业模式进行发展规划。创业项目的商业模式是投资者衡量该项目是否具有投资价值的重要因素之一。如果创业模式未能产出完整且合理的商业模式，那么投资者在对项目进行评估时，会很难选择投入该项目。创业模式也是决定创业项目能否获得融资的关键环节。资金紧缺是创业项目初始阶段面临的主要问题，而创业项目所带来的融资价值则能帮助我们解决这些问题。除此之外，商业模式还具有极强的远景价值。在推进商业模式的过程中，我们可以利用商业模式估算出创业项目的整体估值，进而带动创业项目整体估值的提升，这能使创业要素与各项资源高度配合，最终形成完整、成熟的商业模式，推动创业项目在市场竞争环境下稳步前行。

三、构建高能商业模式

构建高能商业模式时，要充分考虑商业模式构成的要素，形成商业模式要素框架。创业者结合具体创业项目所在行业类型，并通过优化与验证，最终形成最符合创业项目长期发展、能吸引更多投资者的优化商业模式。而后，创业者再剔除商业模式重组中不需要的元素，使其一步一步蜕变为具有大格局的商业模式。以某校园软件为例，我们构建了如表 4-3 所示的商业模式构建要素案例。

表 4-3　商业模式构建要素案例

要素	内容
重要伙伴	广告商、产品供应商、服务商、学校师资力量
关键业务	软件安装、教学信息介绍、校园活动介绍、组织介绍、学生交易平台运营、资料保存平台服务
客户细分	学生市场、教师市场、广告商、产品提供商
核心资源	课程辅助资源、校园活动资源
渠道平台	校园软件
成本结构	管理费、基础设施建设费用/维护费、产品成本、技术费
收入来源	广告收入、软件安装费用、交易平台提成、资料保存服务费用

案例 4-1　哔哩哔哩的商业模式

哔哩哔哩(英文名 bilibili，简称 B 站)将 1990—2000 年出生的年轻人定义为 Z 世代人群，Z 世代人群大约有 3.28 亿人，占中国总人口的 24%。这部分人群是 B 站的主要用户，他们是中国娱乐市场的关键驱动力，代表着在线娱乐市场的未来，特点是愿意花时间，并有很强的付费意愿。针对 Z 世代人群的特点，与爱奇艺等传统视频网站不同，B 站为用户提供用户原创内容，即用户将自己原创的内容通过互联网平台进行展示或者提供给其他用户。同时，B 站还拥有紧密的、黏性很强的社区。

B 站将利用这两点尝试商业化，将流量变现。在内容端，其 89% 的视频播放是由 PUG 视频贡献的。专业的内容创作者(B 站称其为 "UP 主")为用户创作高质量的视频内容，使内容创作者积累大量的忠诚粉丝，反过来鼓励内容创作者制作更多的高质量内容。B 站通过多种方式为 UP 主提供支持：开通手机投稿，鼓励广大用户投稿；提供教学，引导新 UP 主创作高质量内容；推出现金激励计划，促进有一定经验的 UP 主创作高质量内容的动力；为顶级 UP 主提供 VIP 服务，使他们对广大用户的影响最大化。B 站通过大数据构建用户兴趣和行为的蓝图，为用户提供周到的服务，如手机游戏、广告、直播与增值服务。因此，其商业化进程水到渠成。B 站的商业模式究竟进展如何？其主要由手机游戏、直播、增值服务与广告构成。通常来说，一个视频网站主要的收入来源应为广告与增值服务，如爱奇艺。而 B 站由于其自身的发展特点，这两部分占比很小，反而是手机游戏占据了绝大部分的主营收入来源。虽然近年来 B 站其他业务增长迅速，手机游戏占比略有下降，但 2018 年第二季度手机游戏仍占主营收入的 77.1%。近年来，B 站的年复合主营收入增速高达 76%，这主要是由手机游戏驱动的。因此，目前 B 站可以说是一家 "披着视频网站外衣的游戏公司"。除此之外，B 站于 2017 年 9 月 19 日上线 "会员购" 页面，主要售卖动漫周边，包括硬周边(core hobby)与软周边(light hobby)两类。实用价值不大、纯观赏收藏的商品(如扭蛋、挂卡、模型、手办等)被称为硬周边，价格相对较高；常见的、借用某个动漫形象生产的、具有一定实用性的商品(如文具、服饰、钥扣、手机链等)被称为软周边，价格相对便宜。

　　总而言之，哔哩哔哩的商业模式以 ACG(动画、漫画、游戏)内容创作与分享为基础，通过用户、创作者和内容，构建源源不断产生优质内容的生态系统。B 站的商业模式是不断成长升级的，在不同发展阶段，哔哩哔哩与 B 站粉丝的需求及内容产出特征紧密结合在商业模式构成中。其不仅对相关的内容产出做出引导，更通过创业者的内容产出提升整体营销推广能力，这种商业模式为哔哩哔哩的发展与成长获取了更多的资源。

　　资料来源：根据网络资料自行整理。

第三节 创意转化为商业模式

✍ 课程目标

- 学会将创意转化为商业模式。
- 学会构建有创意的商业模式。

在创业过程中，将创意转化为具体的商业模式是至关重要的。虽然这已是老生常谈，但在实际转换过程中，能够通过流量或者广告推广等方式实现盈利，却并非每个人都能做到。事实上，创业过程中产生的创意在每个人的头脑中都可能闪现，但只有少数人能够成功地将这些创意转化为具体的商业模式，并取得成功。

案例4-2 **刘强东的京东崛起之路**

刘强东以服务社会、诚信经营的理念，创办了京东公司，将其发展成为中国最大的自营电商平台之一。

在创业初期，刘强东发现传统线下零售存在库存积压、销售渠道不畅等问题。作为一名对商业有着深刻理解的创业者，他萌生了将互联网与零售结合的创意。通过深入市场调研和技术分析，他决定创办一家专注于电子商务的公司，致力于通过互联网平台，提升商品流通效率和用户购物体验。

他的第一个重大创意是实施"自营+物流"的商业模式。传统电商平台大多采用第三方卖家的模式，而刘强东决定自营所有产品，并建立自己的物流系统。虽然初期投入巨大，但这种模式确保了商品质量和配送效率，迅速赢得了消费者的信任。

此外，刘强东还大力推进"仓储一体化"战略，通过建设遍布全国的物流中心，实现了商品的快速配送。这一创意不仅提升了用户的购物体验，还大大降低了运营成本，增强了企业的市场竞争力。

在刘强东的带领下，京东通过持续创新且有效的商业模式，迅速崛起，成为中国最大的自营电商平台之一。刘强东的成功经验告诉我们，创业不仅需要有创意，更需要有将创意转化为可持续商业模式的能力。

刘强东在创业过程中，始终坚持党的领导，发挥党员的先锋模范作用，引导企业积极履行社会责任，诚信经营，服务社会。

在京东公司，党组织充分发挥政治核心和战斗堡垒作用，积极引导企业贯彻落实党的方针政策，确保企业在快速发展的同时，始终坚持诚信、服务社会的发展方向。通过党建工作的深入开展，企业不仅在市场竞争中取得了优势，还在履行社会责任、促进科技创新方面作出了积极贡献。党的领导不仅是企业发展的坚强后盾，也是企业文化建设的重要力量。

通过刘强东的创业案例，我们可以看到，党的领导在企业发展中发挥了核心作用，确保企业在实现经济效益的同时，积极履行社会责任，实现可持续发展。

资料来源：根据网络资料自行整理。

产生创意后，要牢牢把握住机会，顺应时势，将其转化为具体的商业模式。如何转化呢？除了要有大胆的想法与敢于打破现状的创新精神之外，还要运用以下规则将创意转化为具体的商业模式。

1. 商业化

在将创意转化为商业模式时，必须要有具体的产品或者具体的服务，这样才能形成商业化运作模式。但在创业领域中，也不乏那些从来没有卖过任何东西，完全以广告或者投资营销作为商业模式的案例，但能获得成功的仅占少数。在将创意向商业模式转化的过程中，我们首先要遵从的便是商业化原则，只有了解商业化运作原则，才能将具体的项目转化为具体的产品。

2. 打造一个能用来直接或间接盈利的产品

能够用来直接或间接盈利的产品，既可以是产品，也可以是具体的服务。这样，在将创意转化为商业模式时，我们便拥有了具体的经销商和受益者群体。在互联网时代，许多创业者都将目光聚焦在互联网平台上，这是因为互联网平台中确实存在众多的机会，但在向商业模式转化的过程中，我们还需要营造出一个能够直接或间接盈利的产品。以当下热门的直播带货为例，直播带货团队通常并没有自己的主营产品，而是以代理商的形式对其他品牌的产品进行代售。我们可以将这种带货行为视为一种具体的服务，也就是其直接或间接获利的产品。在创业过程的启动阶段，我们拥有许多创意，而将这些创意转化为具体的商业模式，正是依赖于能够直接或间接盈利的产品来实现的。

3. 适时采用高新技术

在将创意向商业模式转化的过程中，我们可以适当地使用一些高新技术。这一点从字面上理解比较复杂，我们可以举一个例子进行说明。某公司目前拥有上万名员工，造成这一现象的原因在于，拥有大量订单导致公司对销售人员的硬性需求比较高，大量订单也导致售后服务增多，因此公司对客服人员的硬性要求也比较高。

公司为突破这一困境，采取的解决方案十分简单粗暴，就是雇用更多的员工。但雇用更多的员工也造成了恶性循环，不仅没有任何推动作用，由于缺乏自动化解决方案，还可能导致资产负债严重，让公司经营处于岌岌可危的状态。而处于高新技术时代，我们在将创意转化为具体的商业模式时，便可以通过采用高新技术来解决这个问题。科技发展为互联网行业提供了很多能够降低成本、提高工作量的方案，适时地采用高新技术，可以促进创意转化为商业模式，提高资源运用率。对于高新技术的运用，不仅仅局限在创业启动阶段的企业运营规划方面。在将创意转化为商业模式的过程中，我们也可以借助软件来实现这一目标。通过整个软件模拟过程，我们能够详细地了解到创意向商业模式转化所需的具体资源，以及打造直接或间接盈利产品时必需的供应链情况。

4. 善于运用用户思维打造产品

我们在创业机会识别及创意向商业模式转化中，容易被主观思想禁锢，任何创意与创业机会的识别都更倾向于自身，而忽视了从用户思维对产品或服务进行优化设计。创意是我们自身产生的，与识别创业机会，以及创业者身份背景、兴趣爱好等紧密相关，但具体转化为商业模式时，则需要将我们的创意转化为对用户真正有帮助、用户甘愿购买的产品或者服务，这样才是成功的创业启动。善于运用用户思维打造产品，其核心是能够转化到用户视角，了解用户在产品或服务选择时的真正需求所在，以及影响用户选择的原因。在这个阶段，我们同样可以运用软件，从用户思维角度模拟出一款相应的创意产品。在模拟过程中，不仅要兼顾创意转化的创新性，还要兼顾商业模式运作后的整体化布局。在运用用户思维对产品进行打造的过程中，我们要综合考虑多种因素，包括商业运作模式，不同阶段产品推出后的市场认可度、用户需求、同类产品竞争等。如果在早期创业启动准备阶段便完整地兼顾这些影响因素，那么在后期创业的商业模式步入正轨后，我们对于市场竞争的把控也将更加娴熟。

5. 敢于打破思维定式突破现状

我们要敢于打破常规，打破思维定式。由于在具体商业运作前，我们产生的创意来源于主观想法，很容易受思维定式影响，就会导致在后续商业模式转变或者商业模式选择中存在局限性，不能随着市场、外界环境及时做出改变。我们要敢于突破现状，敢为人先，敢于接受商业环境带来的挑战，谋求新境界。商业模式转换是一个连续的过程，每个环节都隐藏着风险。在创业启动阶段，我们要直面这些挑战，积极、有效地化解各个环节中存在的风险。若我们在将创意向商业模式转化的过程中遇到阻碍，不妨换一个角度去思考，打破思维定式对创业启动所造成的禁锢。

第四节 商业模式风险的预防

课程目标

- 了解商业模式的风险来源。

- 掌握防范商业模式风险的方法。

一、商业模式创新的界定

商业模式创新与商业模式变革并不是同等的概念。所谓创新，就是寻求一种机会。创新的企业能够通过聚焦创新性、积极性与承受风险的行业来为创业项目创造更多的财富价值。相对于传统行业中其他竞争对手而言，商业模式创新通过商业模式的选择与重组，在各项生产经营活动中进行创新。对企业而言，其他企业是否采取过这种方法都不会影响企业自身的角色。即使该种商业模式前无古人，企业也能够通过商业模式创新对生产经营活动进行整体性变革。在区分商业模式创新与商业模式变革的概念时，我们需要对两者的参照对象、目的、范围、风险及重点等方面进行辨别，如表 4-4 所示。

表 4-4 商业模式变革与商业模式创新的区分

	商业模式变革	商业模式创新
参照对象	企业自身	行业中其他竞争对手
目的	适应性，维持	全新竞争优势，超越
范围	广泛	相对狭小
风险	整体较小	大
重点	变革的管理	创新的管理

二、商业模式创新的风险

虽然商业模式创新能够帮助创业项目解决当前在市场经营环境中所遇到的很多问题，使创业项目的经营模式能够帮助决策者开辟新的市场，但是商业模式创新也潜藏着一些风险。其风险包括不被市场或关键利益相关者接受的风险、财务风险、被模仿的风险及外部环境变化的风险等，具体表现如下。

1. 不被市场或关键利益相关者接受的风险

创业市场是商业模式创新构建中的起点，也是商业模式创新中的终点。如果一个创业项目在对商业模式进行创新时，最终所产生的新商业模式不能被市场或关键利益相关者接受，那么该商业模式将面临着退出的风险。例如，摩托罗拉作为曾经的通信行业霸主，开创了铱星计划商业模式，这一模式旨在让用户从世界任何一个地方都可以打电话。然而，由于未能准确把握客户需求并且产品本身存在缺陷，最终导致公司破产。

2. 财务风险

财务风险集中表现在企业资金链断裂方面。企业资金链是维持创业项目长久经营的关键，如果资金链出现断裂，将导致创业项目经营过程中资金不能有效循环，难以维持当前的运营状态，最终影响创业项目的运行。商业模式推出后，财务方面所存在的资金链断裂风险会直接影响新商业模式是否能够运用。如果在商业模式运作初期资金结构不合理，负债比率较高，将导致企业财务承受沉重的负担，最终由于偿付能力不足而造成存货周转率下降、赊销比例增大及其他一系列财务风险问题。

3. 被模仿的风险

成功的商业模式必须能够有效防止竞争对手模仿，在创新商业模式推广运行阶段存在的较大风险是行业内竞争对手的模仿。竞争对手模仿在一定程度上会扩大商业生态，使行业的整体知名度提升，而且商业模式创新的模仿成本较高，创新商业模式一旦被模仿，原有的预期收益将快速下降，不利于商业模式创新后的预期价值产出。

4. 外部环境变化的风险

外部环境变化，包括政策变化、技术变化等，很大程度上会导致创业项目商业模式创新的风险性增大。除此之外，技术进步也会对商业模式创新后的综合竞争力产生影响。例如，复印机技术的进步使得很多施乐模式丧失了原有的竞争优势。

三、商业模式创新风险的防范

1. 不断推进商业模式的变革

我们要明确的是，世界上并不存在一劳永逸的商业模式，商业模式是需要结合市场环境不断做出变化的。商业模式的创新要考虑市场需求。如果过度创新，将会导致市场接纳程度不理想。如果一成不变，则会由于竞争对手的模仿而导致原有商业模式竞争力逐渐下降。最有效的办法便是不断推进商业模式变革，在已经推出的商业模式基础上做出创新与优化调整，发挥最佳价值。

2. 建立先行者优势

先行者优势主要包括树立较好的形象和品牌知名度、获取关键的资源和技术、拥有某项或多项知识产权、占据后来者难以模仿的有利地理位置等。创业项目发挥先行者优势，能够在商业模式优化过程中形成更有力的资源整合模式。这不仅能够降低商业模式创新所带来的风险，也能够有效防止竞争对手过度模仿，或者由于模仿而导致原有商业模式成本增大的问题。先行优势发挥后，企业能够通过技术专利或者其他技术性优势等增加竞争者模仿的壁垒，从而提升商业模式的综合竞争力，并有效提高模仿转换的成本，进而使该商业模式在同领域中展现出更强的竞争力。

3. 加快学习，强化执行

创业项目的竞争优势来自企业的有效执行细节，而商业模式自身并不能为企业带来竞争优势。在商业模式创新推出的初级阶段，如果不能构造防止同行模仿的先行优势，那么可以通过加快学习，强化商业模式创新的执行或流程。确立自己在行业中是独一无二的，如对客户的细心关照、无与伦比的售后能力等，通过这种方法可提高准入门槛，降低竞争对手模仿。

4. 风险转移

企业可以通过优化商业模式，转移政策性和技术性的风险。在商业模式创新中所涉及的专用性资产部分，企业可以通过合同或非合同的方式将风险转嫁给相关利益者，例如采取生产外包等措施，这样能够有效降低创业项目自身所承担的风险。

5. 战略联盟与合作

通过战略联盟与合作的方式，能够帮助企业提升市场或技术的开发能力，同时能够通过大量资源与能力的支持流入，建立战略联盟，使企业与利益相关者能够实现资源共享、优势互补，这样不仅能够提升市场与技术开发效率，也能够有效降低商业模式创新运作中所承担的风险。在一定条件下，企业还能够与竞争对手形成竞合关系，既能够共同开发市场，也能够防止恶意竞争。

第五节 构建创业路线图

课程目标

● 认知创业路线图。

● 掌握构建创业路线图的方法。

创业本身是充满挑战与诱惑力的，如果能够创业成功，不仅能够最大限度地实现人生价值，也能在短时间内改变自己的命运。同时，创业之路是艰辛的，充满了风险。我们在具体执行创业计划前，可以构建创业路线图，使创业拥有明确的启动方向与启动目标。搜狐公司的张朝阳感叹道："曾经的艰辛，创业者没法想象！"如张朝阳一般的创业英雄，都会感叹创业过程的艰辛，何况普通的创业者，同样也要经历无法向常人诉说的艰难与辛酸。构建创业路线图可以帮助我们明确创业项目启动与创业场景打造的具体流程及步骤，明确在每一个阶段需要达到的目标及需要获取的资源。具体的创业路线图构建可以从以下几个方面开展。

1. 获取创业知识

在创业知识获取阶段，要将自己所要学习和获取的资源总结记录下来，了解创业的种类和方法，以及创业过程中可能遇到的风险及困难。在创业前期，应充分学习这些知识，形成一条从头至尾的完整链条。这也是我们后续创业场景具体打造中的理论知识基础。只有拥有完善的理论知识支撑，在后续的创业场景打造及创业路线图构建中，才能够提升创业资源调动能力。

2. 寻求帮助

创业并非单打独斗，而是寻找与我们志同道合的人，共同构建创业场景。无论选择哪个领域创业，在前期获取支持时，我们仅依靠个人力量难以完全甄别知识的真假。此时，可以寻求专业人士的帮助，为我们指明打造创业场景的道路，也有助于我们寻找在创业项目上志同道合的朋友或合伙人。那么，如何做到这一点呢？一是要与他人分享你的想法，包括家人、朋友，通过探讨、研究和商量，逐渐明确自己的创业方向；二是要向明白的人请教，包括政府职能部门、就业创业指导中心、有经验的生意人；三是寻找导师的指导，包括企业家、成功创业者、创业领域的专家。当我们对创业知识形成了一个完整的概念，并明确了自己在创业中的不足后，就可以在接下来的项目调查、场景打造中更好地确定优化方向了。

3. 创业调研

我们可以从三个方面做创业调研，分别是自己、项目与市场。①调研自己，就是准确做出自我定位，了解自己充当什么角色，掌握哪些技能，在创业中存在哪些不足，需要何种资源与帮助。只有清晰了解自己的真实情况，在接下来的项目选择中才能更好地发挥自身优势，补齐自身存在的短板。②调研项目，包括了解项目是什么，自己在创业项目启动后能否掌控，能否通过项目为自己创造利益或者实现个人价值。③调研市场，包括市场在哪里，目标群体定位是什么，有多少进入市场，有哪些门槛或者困难，进入该领域市场后能够赚取的份额有多少。

虽然在后续的创业场景打造中有很多不确定因素，但是创业要尽可能地贴近现实情况，调研得越详细，后续的创业启动开展也就越顺利。

在创业调研阶段，我们可以利用的调研方法包括线上调研与线下调研。①线上调研主要是利用一切可以搜索资讯的网络平台，尽可能搜集关于创业的详细信息，包括行业发展动态、行业最新技术状况及市场分布情况等。②线下调研涵盖的内容较广泛，包括创业实体场景位置调研、客流量调研等多个方面。最终选择的调研方法与我们所打造的创业场景紧密相关，可以根据创业场景所归属的领域，选择最为适合的调研方案。

4. 选择项目

在识别创业机会后，要将我们所产生的创意转化为具体的商业模式，选择具体的项目。在选择项目时，要尽可能地遵循以下标准，包括投资少、见效快、操作简单、易于掌控、市场潜力巨大、销售额高、利益稳定及风险小等。但这些标准仅限于初期起步的创业者，对于那些拥有诸多财力及技术资源的创业者而言，在创业项目选择时，投资与抗风险能力更高，项目选择不必要遵循这些标准，但其始终需要把握的核心是项目适合自己，自己在创业场景打造后，能够对项目进行有效的掌控。如果项目在管理需求或项目经营发展方面已经超出了自身的掌控范围，那么选择这一项目后，所带来的风险将会超过自身承受范围，创业难度也会因此增大。

5. 制订创业计划

制订一个完善的创业计划，其中应涵盖目标、路线、方法、团队打造、风险防控、投资计划、成本分析、利润核算等。在创业计划制订过程中，需要不断地进行调整、完善。在构建创业计划时，我们可以利用软件来制订一份完整的创业计划书。通过软件分析模拟出在创业场景打造时可能遇到的风险问题，模拟解决创业场景风险问题的规避方案，可以让我们了解后续创业执行阶段所需要重点关注的部分。

6. 学习项目

学习项目是指将具体的创业计划落到实处，形成可执行运作的商业化项目。在学习项目阶段，我们不仅要学习创业场景打造后所需掌握的知识点，更要从创业场景未来发展的角度出发，不断学习并补充相关领域的知识。同时，我们还需要熟悉项目细节，把握全局，并敏锐地发现问题。任何创业场景的打造与实现都会遇到诸多困难，包括前期创意向商业化模式转变时的时间挑战，以及后续项目落地后的融资难题、运作挑战等。如何在具体项目实践中解决这些困难问题，这就需要运用到我们所学的专业知识。在学习项目阶段，我们要将思维转换到经营者的角度，因为未来创业场景打造并运营后，创业者将不再仅仅是创业者的身份，而是经营管理者的身份。因此，在学习项目时，我们要考虑未来管理所需要的知识，以及制定在项目运作时有效规避风险问题的方案。

第六节　商业模式验证与落地

课程目标

- 掌握商业模式验证的方法。

- 掌握商业模式落地的方法。

一、商业模式验证

1. 目标市场是否真实

只要是启动了一个新的项目，或者在创业项目中推出了一种新的运营方式，公司的决策者都会认为发掘了一座金山，未来该项目及该运营方式的市场前景一片大好。现实往往事与愿违，很多所谓的真实市场，到头来只是海市蜃楼，虽然前期规划很美好，落实过程却并不理想。

通常，目标市场确实是真实存在的。对于经验丰富的创业者，这并不是一个容易看走眼的地方。对于新的项目，由于创业者自身也缺乏经验，所以在确定目标市场时很容易出现错误。这一阶段的成败也直接影响到创业项目是否能够顺利进行。

我们在对目标市场的真实性进行验证时，主要是从市场规模是否与我们预期一致这一角度开展，目标市场对于新项目的接受程度是否在落实预期内，也是重要的检验内容之一。肯定这些答案后再启动创业项目，才能保证创业项目未来的预期发展进入最理想的状态。如果市场接受度远远低于决策者的预期，那么务必暂停创业项目，仔细梳理商业模式，并优化运营细节。因为任何一个关键环节出现问题，都可能会影响创业项目的未来发展。这些问题可能出现在以下几个方面：

- 产品还未成熟就急于推向市场；
- 目标受众的选择是否准确，触达场景是否恰当；
- 是否存在尚未突破的行业壁垒或政策门槛。

2. 用户数增长率和营收增长率

如果创业项目中所产出产品涉及的用户比较复杂，那么在关注用户数增长和营收增长率时，不要仅仅考虑某一类用户，还应采用月度、季度或年度统计的方法，根据用户分类进行数据转换，分析增长率是否正常。如果增长率正常，那么该创业项目的商业模式是可行的。如果增长率低于正常数值，则表示商业模式中存在很多需要优化调整的部分，但也并不完全意味着原有的商业模式被否定，而是可以通过商业模式调整提升创业项目发展能力。

3. 留存率和用户活跃度

留存率和用户活跃度与客户忠诚度表现为正相关关系。在评估时，不仅要考虑留存率，还需要通过访问或登录创业者系统中的信息对用户活跃度指标进行评估。评估指标体系不宜过于复杂，因为过于复杂的评估指标体系会增大运营人员的工作量，也可能影响预期的高频业务产出。如果预期产出是高频业务，而最终产出却是低频业务，那么创业决策者需要警惕，这可能是由于产品的用户体验过于糟糕而影响了创业项目的整体运营。此时，应及时结合市场反馈进行调整。

4. 平均获客成本(CAC)

这里的平均获客成本，是指根据自己商业模式中所定义的关键类型用户或客户，按照月度、季度或者年度的方法进行平均获客成本计算，将其分摊到周期内每一个用户的成本。我们可以根据最终计算出的平均获客成本生成一条曲线，分析周期内上升或下降的拐点，判断当前的平均获客成本是否优于同行竞争对手，以对现有的商业模式合理地做出评估。

5. 平均客户收入(ARPU)

平均客户收入与平均获客成本比较相似，并且两者是对应的。平均客户收入主要反映每一位客户所能够为创业项目带来的收入。如果平均获客收入值过高，则说明当前的商业模式所对应的目标受众群体更加高端，但数量比较少，不利于企业打开市场；如果平均客户收入值过低，则表示当前的产品销售价格过低，或者当前的商业模式并不能够为创业项目带来比较理想的收益状态。

6. 增长效率(GEI)

增长效率是反映增长质量的长期指标，即主营收入每增加1元，那么所需要付出的营销和运营成本是多少？如果增长效率大于1，那么肯定是不能够持续发展的。事实上，在项目启动运营初期，项目往往需要一段时间的运营，才能够将增长效率降到1以下。如果在商业模式评估中所得到的增长效率值是小于1的，则表示该创业项目拥有了良性发展基础，可以进一步增长，整体收入的增长额也十分理想。

7. 付费率和续费率

付费率和续费率决定了创业者商业模式是否是虚假繁荣，从另一个角度来说，也反映出创业者的产品用户黏性。在创业初期，为了迅速打开市场，创业项目往往会推出一些免费试用产品的活动。然而，如果该商业模式下的产品付费率与续费率普遍偏低，则表明产品在各种商业模式下的用户黏性不足，需要持续优化创业项目。

8. 营销组织形式和营销方法

在验证我们的创业项目的营销组织形式和营销方法时，必须同时满足4个衡量标准，即可预测、可操控、可复制、可持续。缺乏其中任何一个因素，都会导致创业项目市场整体竞争力的不足。在商业模式验证过程中，如果未能遵循这些衡量标准，而用华丽辞藻或虚构的语言来掩盖营销逻辑中的缺陷，那么终将导致创业项目的失败。

二、商业模式落地

"没有商业模式，不成创业项目"，这句话在当今的商业环境下依然适用。如果创业者打算做一家能够经营更加持久的公司，那么初期需要构建完整的商业模式，并对商业模式进行整体规划设计。创业者要思考企业从哪里来，要到哪里去，最终要做成多大规模，创造多大的社会价值，这也是企业的愿景和使命。

为了实现企业的愿景和使命，创业者需要了解市场，明确具体的做法及所需要遵循的准则，这也是创业项目启动初期的核心工作。我们可以将商业模式的设计视作一个总体框架，就如同装修中的平面图，商业模式指导着我们创业项目如何排兵布阵，将最终效果展现出来。

培训项目的商业模式落地

　　某培训创业项目在成立初期制订了完善的商业计划，但在执行阶段苦于商业计划落地缺乏详细的思路，导致商业计划落地执行难度增大。由于创业项目所在的领域是教育培训行业，最初，公司开设了讲师班，培养了一批优秀的讲师，希望借助优秀的讲师，顺利启动接下来的培训项目。但由于初期培训讲师有限，并且在培训项目推广过程中对市场占有能力也有限，项目执行得很不顺利。而后，其以培训讲师为核心，设计俱乐部裂变计划，招募更多的会员，延伸出更多的培训产品渠道。同时，其在初期招募会员的基础上开设了会员专属课程，培养会员成为该项目的初始合伙人，即以股东的形式入股。启动这一计划后，该创业项目的俱乐部迅速实现了裂变式增长，项目初期的商业模式在这些会员合伙人的加持下也得以快速落地执行。

　　在这些项目中，公司通过前期规划商业模式，设定未来的发展方向，即未来发展成为教育培训行业的佼佼者，这便是商业模式落地的总体框架图。拥有总体框架图后，迅速部署该项目的施工图，也就是统筹好效果图和平面图后，设计项目落地计划。该项目以初期会员作为项目合伙人，使项目得到快速裂变，推动商业模式落地，并吸引更多合伙人的加入。

　　资料来源：根据网络资料自行整理。

第七节　通关练习

课程目标

- 验证章节知识点。

- 在通关练习中演练章节知识。

以"民宿"项目为例，分析商业模式构建、商业模式风险预防、商业模式落地等模块。

【参考答案：以"民宿"项目为例】(见表 4-5 至表 4-7)

表 4-5　商业模式构建表

项目		内容
创业坐标	核心优势	产品方便、实用，可按城市搜索，浏览可租房源，显示地理位置，支持在线预订和付款
趋势赛道	赛道核心科技	房源查询、地理定位、房源预览、在线预订、付款
创新要素		农村民俗资源在线申报，资源丰富，价格优惠，符合政策导向
用户	用户标签	拿得下，看得见
核心竞争力	核心竞争力演进路径	旅行者向当地人预订房间或者成为租房客，体验城市风情
产品	市场需求	体验城市风情
	产品描述	在线预订
	产品能量测算	15%
场景	场景描述	住宿房间，了解当地的民俗风情，参加当地的民俗活动
	场景能量测算	8%
营销链路	线上营销渠道	抖音、微信、微博
	线上营销终端	通过抖音、微信、微博发布消息，用户体验推广
	线上营销终端能量	15%
	线上营销链路能量	10%
	线下营销渠道	传单
	线下营销终端	传单、现场讲座
	线下营销终端能量	8%
	线下营销链路能量	7%
赋能要素		普通消费者数量激增，市场知名度提升
用户市场空间		全球范围内每年有 20 亿次出行，在线出行市场达到 5.6 亿次/年，Airbnb 市场份额为 8400 万次/年(3 年内占据 15%市场)
能力市场空间		截至 2021 年底，中国在线旅游月活跃用户人数达到 4.32 亿人，同比增长 5.4%；Airbnb 市场份额为 1.02 亿次/年(3 年内占据约 23.61%市场)
订单获取能力		线上浏览人数转换为订单率的能力为 35%

表 4-6　商业模式风险预防表

项目		内容
盈利		按订单抽佣,每单收取 10%,以前面预估每年 8400 万次预定的交易规模看,以每次预定 3 晚,每晚 80 元(目前 Airbnb 平均每晚 70 元),可以抽成 25 元,预计 3 年后的收入是 21 亿元
安全框架	违法违规风险预防	没有该风险
	失去控制权风险预防	没有该风险
	企业分裂风险预防	没有该风险
	债务风险预防	没有该风险
	现金流断流风险预防	没有该风险
	合作方违约风险预防	没有该风险
	大规模生产风险预防	没有该风险
	技术风险预防	遇到黑客攻击等风险
最小生存闭环		线上民宿查找→线上民宿预订→线上支付→线下居住体验
最小竞争闭环		民宿线上宣传→民宿线上推荐→旅游服务推荐

表 4-7　商业模式落地表

项目		内容
小目标	目标 1	3 年内市场占有率 5%
	目标 2	5 年内市场占有率 10%
	目标 3	10 年内市场占有率 20%
里程碑	里程碑 1	企业成立,产品完成构建,网络平台搭建完成
	里程碑 2	产品推广,迅速占领市场,实现企业盈利
	里程碑 3	产品升级迭代,提高用户满意度
团队建设	团队建设 1	团队初步创建,管理人员 3 人,技术人员 10 人,后勤团队 5 人,推广团队 20 人
	团队建设 2	管理人员 5 人,技术人员 20 人,后勤团队 10 人,推广团队 100 人
	团队建设 3	管理人员 20 人,技术人员 50 人,后勤团队 60 人,推广团队 1000 人
激励措施	激励措施 1	3 年内实现目标 300 万元,现金分红 30 万元
	激励措施 2	5 年内实现目标 500 万元,现金分红 50 万元,股权分红 10 万元
	激励措施 3	10 年内实现目标 1000 万元,现金分红 100 万元,股权分红 50 万元

第五章　创 业 成 长

- 学会推动创业项目成长的方法。
- 了解创业项目发展的影响因素。

五 创业成长

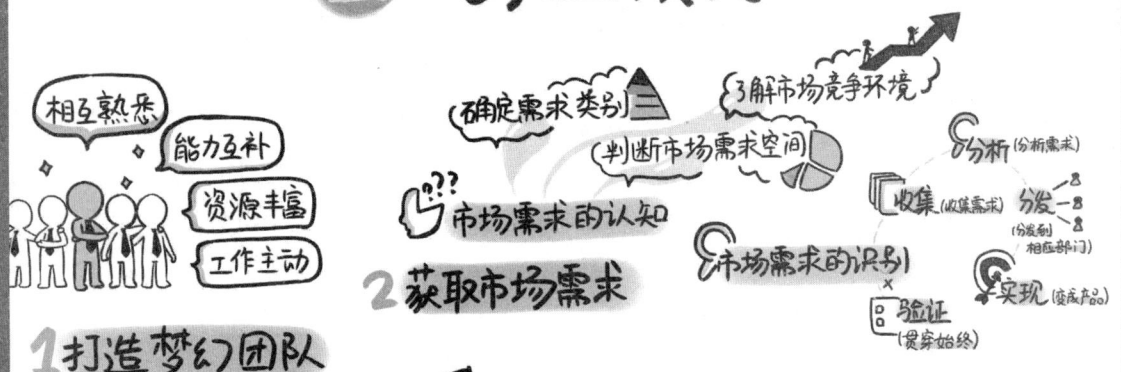

1 打造梦幻团队
- 相互熟悉
- 能力互补
- 资源丰富
- 工作主动

2 获取市场需求
市场需求的认知
- 确定需求类别
- 判断市场需求空间
- 了解市场竞争环境

市场需求的识别
- 分析（分析需求）
- 收集（收集需求）
- 分发（分发到相应部门）
- 实现（完成产品）
- 验证（贯穿始终）

3 产品成长的驱动因素
1. 均衡的产品组合
2. 高效的创新合作团队
3. 执行产品的系统性流程
4. 可靠的产品提升技术与工具
5. 支持产品成长的氛围

4 产品成长管理的技巧
管理原则
- 专业资源整合
- 持续改善创业项目

技巧方案
- 提升项目服务能力
- 满足项目产出的营销需求
- 提升创业项目客户层整体满意度

- 市场需求、客户状态
- 竞争力状态评估
- 市场适应性了解
- 外在因素 / 内在因素
- 产品发展规划与更新计划编制
- 均衡性调整
- 供货周期改善

5 数字化设施的建立和应用
- 支 → 精准掌握市场需求变化
  在线支付、社交媒体、可穿戴设备等数字技术
- → 赋能用户参与创新流程
  互联网平台、社交媒体
- → 赋能更多创新创意的涌现
  云计算、智能算法技术
- AI → 创新流程的优化
  人工智能、区块链、云计算、分布式计算
- 数字技术 / 非数字技术 → 数字技术与实体产品的深度融合
  数字技术与非数字技术的协调

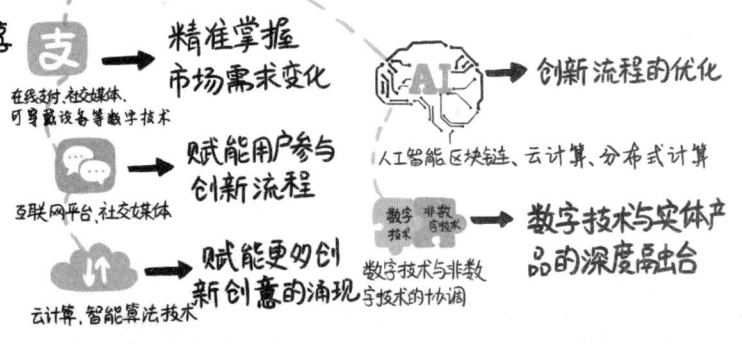

6 产品单元打造
- 打造"多作战单元"的敏捷组织
- 建立共享单元，实现企业内部资源共享
- 设立企业事业部制
- 从工作者到事业人，打造群体企业家

第一节　打造梦幻团队

课程目标

● 打造高质量创业团队。

● 学会选择适合的创业团队成员。

创业项目能否真正持续地发展下去，很大程度上取决于创业者能否建立一支优秀的创业团队。在创业项目即将迎来胜利曙光前，受利益分配或其他冲突影响，创业团队很容易崩盘，导致创业项目半途而废，这也是很多创业者创业失败的原因之一。因此，打造梦幻创业团队对创业成功至关重要。

案例5-1 娃哈哈的创业团队

娃哈哈集团是中国知名的饮料和食品生产企业，其创始人宗庆后以其卓越的商业智慧和创新精神闻名。20世纪80年代初，宗庆后在杭州西湖边的一个小作坊创立了娃哈哈。最初，公司只有几名员工，主要生产小茶饮料和果汁。宗庆后对产品质量的极致追求和市场细分的敏锐嗅觉使得娃哈哈的产品迅速在当地获得了一定的知名度。在这个阶段，创业团队的主要挑战是获取更多的资金和扩展市场。宗庆后通过不断优化生产工艺和产品质量，凭借口碑在杭州及周边地区打下了坚实的市场基础。他们的团队精神体现在每个人对产品质量的严格要求和对市场反馈的快速响应上。

随着市场需求的增加，娃哈哈的市场逐渐向全国扩展。在这个阶段，创业团队面临着生产能力的提升和全国市场的认可等问题。宗庆后率领团队不断探索新的生产技术和销售渠道，确保产品能够迅速覆盖更广泛的消费者群体。他们通过建立销售网络和分销体系，加强品牌宣传和市场推广，逐步打开全国各地的市场。创业团队的合作精神和团结一致成为他们战胜市场竞争对手的重要保障。随着市场竞争的加剧，娃哈哈开始不断扩展产品线，从饮料逐步发展到各类食品和健康产品。创业团队的多元化战略帮助他们在竞争激烈的市场中保持领先地位。团队成员们积极参与产品研发和市场调研，确保产品符合消费者的需求和市场趋势。娃哈哈在品牌塑造上也投入了大量资源，通过广告营销和品牌活动提升品牌知名度和消费者认知度。创业团队的每位成员都为公司的发展贡献了自己的智慧和能力，形成了一种高度协作的工作氛围。

随着时代变迁和消费者需求的多样化，娃哈哈的创业团队始终保持着创新的活力。他们不断推出新品种、优化产品配方，响应消费者对健康和营养的需求。随着数字化时代的到来，团队也积极探索电商平台和社交媒体的营销渠道，与消费者建立更直接的沟通和互动。娃哈哈的成功不仅在于创始人宗庆后的领导力和远见，更在于整个团队的努力和凝聚力。他们以创新为驱动力，以质量为生命线，始终坚持不懈地追求卓越。这支团队不仅创造了一家企业，更塑造了一个有着深厚文化底蕴和强大市场影响力的品牌。如今，娃哈哈已经成为中国乃至全球知名的食品和饮料品牌，其在市场上的份额和影响力不断扩大。创业团队的历程不仅是一段商业传奇，更是团队合作和创新精神的典范。未来，他们将继续秉承"质量第一，顾客至上"的宗旨，持续创新和发展，为消费者提供更优质的产品和服务。

通过宗庆后的创业案例，我们可以看到，创新是国家发展的核心动力，是实现高质量发展的关键路径。

宗庆后和他的团队始终坚持创新驱动，通过不断优化产品和提升生产工艺，实现了企业的可持续发展。他们的成功经验告诉我们，贯彻国家的创新驱动发展战略，不仅能够提升企业竞争力，还能够推动经济的整体发展。通过在企业文化建设和技术创新中融入社会主义核心价值观，娃哈哈团队展示了如何通过创新和合作，推动企业和社会的共同进步。

资料来源：根据网络资料自行整理。

一、尽量选择相互熟悉的团队成员

在创业初期，团队成员需要经历大量的磨合。如果选择互相比较熟悉的团队成员，那么我们可以减少由于前期磨合所导致的冲突或矛盾。尽量选择相互熟悉的成员，并不意味着我们在创业团队打造时要完全选择身边的亲人或朋友，而是指我们熟悉创业团队成员在创业领域中的了解情况、创业意图及创业目标等，这样能够帮助我们更好地开展团队成员之间的沟通。在这里要特别提醒的是，很多创业者在选择合作伙伴时，往往会选择同学、朋友或者校友，但是在创业初期，由于大家没有合作过，极易发生矛盾，产生误会。在选择创业团队成员时，可以优先考虑以前共事过的同事，这样在接下来的创业项目运作时，整体默契程度会更高。

二、尽量选择能力互补的团队成员

打造创业团队时，只有团队内部成员能力互补，才能发挥出更大的实力，使创业团队成长为一个优秀的队伍。通常情况下，创业团队中成员应该涵盖以下几种类型。

1. 能够在关键时刻做出最后决策的人

在创业过程中，创业团队的最后决策人应该是项目的创始人，决定着整个创业项目的未来发展走向。在团队中，最好只有一个这样的决策人。如果决策人数量过多，那么创业项目在各类决策制定过程中更容易由于意见不合而引发争议。

2. 市场拓展能力强的人

创业团队中一定要有市场拓展能力强的人，这样的人能够在企业创业初期联系到客户，拓展企业在竞争市场中的生存空间。阿里巴巴初期创始人中的戴珊就是这样的人。戴珊于 1999 年至 2001 年任阿里巴巴客户服务、销售及用户界面部门多个管理层职位；2002 年至 2005 年，担任公司中国市场部诚信通高级销售总监；2005年，晋升为广东分公司总经理，负责广东省的直销及电话销售、市场推广及人力资源等工作。任职期间，她帮助阿里巴巴度过了初期销售困难时期，快速拓展市场，打通阿里巴巴在广州市直销及电话销售的渠道。创业项目启动初期，决定项目能否生存的关键是销售市场的拓展。由于初创时期创业项目自身影响力较小，缺少长期合作的稳定客户，在向市场展开销售宣传时很难获得目标客户的信任。拥有市场拓展能力的人可以快速与上下游企业之间取得联系，打通企业在市场竞争中的稳定客户链，从而帮助企业快速度过初创艰难期。

3. 执行能力强的人

执行能力强的人能够根据决策人所制定的任务快速展开工作部署，无论是产品前期研发、客户对接服务，还是公司内勤工作，都需要执行能力强的人来推动完成。在企业创业初期，团队中需要有人具备必要的财务、法律及审计方面的知识，这样能够从多方面事务考虑的角度出发，帮助企业节约创业成本。但我们需要注意的一点是，除了能力互补外，性格互补也十分重要。创业团队确实需要能力强的人，但能力强的人往往个性鲜明，在与团队成员接触时容易发生思想上的冲突。因此，创业团队需要有一位能够调和团队氛围，在冲突产生时起到缓解作用的成员。这种成员相当于创业团队的黏合剂，可以使创业团队整体更加和谐，在各项事务的商讨乃至决策制定时，能够以和谐的气氛进行。执行能力强的人未必在业务能力上也同样强，还要综合考虑他们在团队内的工作能力。

三、尽量选择资源丰富的团队成员

在创业团队打造时，如果我们可以选择一些拥有丰富资源的团队成员，那么就相当于解决了创业团队初期运行时的资源获取困难问题。但是，如果我们仅仅因为看重个人的资源而将其吸收到创业团队中，可能会导致人员闲置，甚至造成团队内其他人员心理不平衡。对于那些仅仅拥有资源但并不能在团队中担任具体职务的人，我们可以与其保持简单的商业关系，而不将其纳入团队成员之中。这样才可以保障团队成员内部人力资源的均衡，确保每一位成员都有自己对应的岗位，从而使沟通和工作部署更顺利进行。

四、尽量选择工作主动的团队成员

在打造创业团队时，我们要选择的是合伙人，并不是企业的员工。合伙人的特征是能够主动地承担起团队内的工作任务与相应责任。能否寻找到合适的合伙人，直接关系到团队整体的发展前景及未来企业的获利能力。寻找团队合伙人，并不一定是要找到各领域最出色的人，因为这样的人往往个性较强，可能在团队沟通与协作等方面存在一定的难度。创业团队成立后，需要经历一段时期的磨合，磨合期过后，团队内部成员的默契程度与整体配合能力都会得到提升，因此，我们可以选择一些"还算凑合的人"，先将创业项目运行起来，在后续的运行中不断磨合、调整，使创业团队逐渐成长为一个优秀的团队。比如，马云在创业初期也曾认为，初始的创业团队并不能支撑阿里巴巴的成长，迟早要换成外来的高手及职业经理人。但事实证明，马云当初的想法是错误的，那些他起初看不上眼的初创合伙人，远远比外来的高手和职业经理人更有价值。最终，这些初期的合伙人都成长为阿里巴巴的顶梁柱。

寻找合适的合伙人应遵循以下三点原则。

(1) 在将其吸收为团队成员之前，要对这个人有充分的了解，包括性格、工作能力、人品等。只有充分了解后，才能将其纳入初创团队中。

(2) 要确保团队成员的个人能力与合适岗位之间的对接。通过对人才的了解，将他安排到适合的岗位和工作领域中，这样才能将团队成员的价值发挥到最大。

(3) 要安排合理的培训计划，并请专人带领，使其快速成长。通过定期的、合理的培训计划，可以提升人才的工作能力，并帮助其快速适应岗位环境的变化。

对于那些拥有丰富工作经验的成员，只有当其价值观与创业项目的愿景相匹配时，才能快速投入工作状态。在前期培训时，重点是帮助他们创造一个可以启动工作的条件。获取成员的方法主要包括两种：一种是拥有一定通用职场技能但缺乏专业技能的人，另一种则是人品好、执行能力强、善于学习但工作经验不足的人。这两种成员都需要经过系统化的培训才能胜任各自的岗位。

在打造创业团队时，我们将新人的培训期设定为 3 个月与 6 个月，如果超过了 6 个月的培训期，那么将导致人力资源投入成本过大，团队运营困难。这也解释了为什么我们在前期创业团队打造时，要尽可能找到合适的团队成员，以节约后期的培训时间。在工作层面上，我们应尽量选择工作主动的团队成员，因为他们在学习时的积极性也更强，能够在短时间内成长为创业团队在该领域的核心力量。

第二节　获取市场需求

课程目标

- 学会获取市场需求。
- 学会运用市场需求。

一、认知市场需求

市场如战场，企业想要在如此竞争激烈的环境下使自己的产品一鸣惊人，就要避实就虚，选准突破口，快速定位市场。只有这样，才能够快速出击，占据目标市场，为创业项目创造新的效益，帮助其在高手云集的市场中占据一席之地。

在学习认知市场需求时，我们要先明确市场无霸主，看似饱和的市场其实存在很多缝隙，任何一款爆款产品都不能长长久久地占据市场，而是随着市场的不断发展而更新迭代。关键是创业者在创业项目启动后，要有灵敏的嗅觉，能够观察市场的细微之处，了解市场缝隙中存在的需求及消费者的心理，以便快速捕捉市场发展方向，准确定位目标市场，从而提升创业项目的成长速度。

创业者一旦找准市场突破口，就要先人一步，一鸣惊人。在当今世界中，成功的企业无不高度重视市场需求,将认知与把握市场需求作为提升自身竞争力的核心。无论是大型企业还是中小型企业，如果不能与时俱进，都难逃被市场所淘汰的厄运。以下是认知市场需求的具体做法。

1. 了解消费者需求

消费者需求可分为基本型、期望型和兴奋型。基本型需求是指产品在功能及服务上是消费者所必需的，如果这些需求得到满足，消费者仅仅会表现出不会不满意的状态。而期望型需求则是在产品基本功能的基础上，其附加功能越完备，客户的满意度就越高。如果不能达到客户的预期期望值，那么客户容易表现出非常不满意的态度。兴奋型需求则表示在产品原有功能之外，还有其他附属功能，使消费者感觉到新奇。这样不仅能够满足消费者的基本需求，也能够使消费者感觉到兴奋与意外，因为他们通常没有想到过这些需求。如果产品能够提供这类需求，那么消费者对于产品就会表现出非常满意的态度。

2. 了解和把握竞争对手的经营动态

除了了解消费者需求之外，我们还需要掌握竞争对手的经营动态，做到知己知彼，包括了解竞争对手的营销策略、供应链、渠道、目标市场、竞争战略等。充分掌握竞争对手的经营状态，能够在自身项目经营中达到更理想的管理效果。

3. 研究市场环境，做什么最挣钱

研究市场环境，也就是研究在创业领域中大家都在做什么，这样才能够确定不同产品所在市场的优势，根据竞争优势与劣势对各项决策进行优化调整。在这一阶段，主要通过利益最大化，使创业项目长长久久地经营下去。

除了把握市场之外，企业还需要了解销售需求。很多时候，销售所能够反馈给企业的信息能够帮助企业快速了解市场，减少市场调查的投入成本。我们可以从以下几个方面帮助企业从消费需求中做出准确判断。

(1) 负需求。负需求是指市场中大部分人对于某一类产品感觉到厌恶，甚至愿意花钱回避这一需求，也就是市场与消费者不喜欢该种产品。那么在对产品重新设计时，则可以通过去掉该功能来提升产品的市场价值。

(2) 销量下降。通过分析产品销量下降的信息，我们可以了解市场对于产品的需求程度是否发生了变化。在进行销量下降分析时，我们通常会选择几个月或者更长时间的数据，以便完整地反映出产品衰退的原因。这样的分析有助于企业开拓新的市场目标，改变产品的特点与外观，并通过更有效的沟通方法来刺激新的市场需求。

(3) 不规则需求。某种产品在市场需求上出现较大差异，或者在一些特殊的日子里会突然出现波动性需求，这种情况被称为不规则需求。根据销售反馈出的不规则需求，企业能够快速了解市场的需求波动。

(4) 充分需求。充分需求是指某一物品的生产与服务能力与市场需求之间达到一种长期均衡的状态，这种充分需求是企业在产品产出时所追求的最理想状态。

(5) 市场饱和。当市场需求已经超出企业所能够供给的水平时，就会出现市场需求过大而且供给能力有限的问题。在这一阶段，企业可以适当抬高价格、合理分销产品或减少服务与促销等措施，以暂时提升市场获利能力。

(6) 衰退需求。从销售反馈的信息中可以充分认识到，某一产品的利润出现衰退时，企业可以通过调整战略及时遏制衰退情况，或者适当推出新产品，对老旧产品进行更新换代。

二、识别产品市场需求

无论是市场需求还是内部需求，随着时间推移都会发生变化。特别是市场需求，由于市场环境是动态变化的，无论是行业标准还是客户需求，都很容易发生改变。事实上，几乎所有的产品在开发过程中都会遭遇需求变化的情况，如果需求变化问题过于极端，甚至会造成产品开发计划终止，或者不能按照预期时间完成产品开发，导致产品开发成本居高不下。因此，在对产品进行开发设计时，要重点针对产品市场需求进行动态识别，根据市场需求做出快速响应，紧急召开需求分析会，确定是否要对原有的产品开发计划进行更新，并对产品风险重新评估。

产品需求的内部验证是获取市场需求的关键步骤。需求验证活动的开展集成于产品开发流程的各个阶段，与产品开发团队在管理需求上呈映射关系，可确定产品当前的设计计划是否符合市场需求。

具体市场需求的获取方法包括收集、分析、分发、实现及验证 5 个环节，各个环节紧密相扣，如表 5-1 所示。通过循环式的市场需求获取方法，企业可以不断总结经验教训，提高对客户需求精准定位的分析能力。

表 5-1 市场需求的获取方法

收集	采用面向市场和客户驱动的方法，利用细分市场分析框架，制订需求收集计划，开展各种收集工作，发现高价值客户需求，从而确定并生成可能的产品包需求，为后续的分析、筛选和执行做准备；本阶段强调主动收集、有目标地收集，以及收集渠道的整合
分析	通过 $APPEALS[1]、QFD[2] 等分析工具，对需求进行分析、解释、排序和进一步细化，使之可以被分发、实现并验证；本阶段强调规范的需求分析过程、分析工具和方法
分发	保证需求被恰当地分配到最合适的组织或者子流程，并由对应部门决策该需求应当被接纳，还是拒绝，或推迟；本阶段强调分级分层的管理模式及多种分发渠道的跟踪

① $APPEALS：即客户购买标准分析，$代表价格，第一个 A 代表可获得性，第一个 P 代表包装，第二个 P 代表性能，E 代表易用，第二个 A 代表保证，L 代表生命周期成本，S 代表社会接受程度。

② QFD：即质量功能展开，英文全称是 quality function deployment，是把顾客对产品的需求进行多层次的演绎分析。

实现	将客户需求转变为规格、设计及产品，在此过程中由产品开发流程控制需求的每次转变；本阶段强调端到端的可追溯性及变更控制
验证	验证活动贯穿于整个需求管理流程，主要通过内部验证和客户确认两类活动进行；本阶段强调在实施的前后都要与客户进行分享，并确保客户拥有最终评价权

第三节　产品成长的驱动因素

课程目标

- 认识产品成长。

- 掌握产品成长的驱动因素。

一、产品成长认知

带领企业或创业项目成长，已经成为大部分创业者在创业项目启动后的首要任务。然而，大部分创业公司虽然在创业初期能够打开市场，但在成长阶段却往往因为管理错误或决策性错误而难以维持下去。在企业成长阶段，可以通过改善现有产品、优化企业团队、提升技术等方法，帮助企业维持长期、稳定的成长状态。

二、产品成长的驱动

产品成长包含下列关键驱动要素。

1. 均衡的产品组合

很多创业项目认为，想要使产业成长率在平均值以上，就要聚焦于产品研发创新点或者追求更高的产品经济效益。这些公司在产品研发领域中所采取的产品组合方案过于追求短期经济目标，并没有从创业项目未来长期发展角度出发对产品进行多元化组合。企业应分析产品线，针对市场的变化及现有的产品结构，寻求并保持最优的产品结构。

2. 高效的创新合作团队

当逐渐成为一个完美且快速的产品创建团队后，就需要对这一团队进行有效的管理，以确保团队能够维持高绩效，并提高团队成员之间的相互合作能力。在打造高效的创新合作团队时，要对团队成员进行优化组合，虽然来自不同领域的问题解决专家是最优组合，但在实际操作中往往难以达到这一标准。因此，我们需要通过管理和均衡使各类问题得到有效的解决。团队内的成员可以是来自各领域经验丰富的员工，我们通过不同的激励方法，使该团队在某一产品中运用综合评估方法，成为高效的合作团队。

3. 执行产品的系统性流程

利用系统性方法可使产品预测达到最佳效果，且持续提升产品价值。即要让团队内部成员采用一致的流程化方法，使产品能够系统化地进行重复与预测，这和六西格玛团队应用的 DMAIC 系统步骤类似。在流程上也需保持足够的稳定性，如此才能使产品突破原有的思维框架，成为创业项目更有力的支撑因素。

4. 可靠的产品提升技术与工具

创业者在实践过程中，必须了解如何运用多样化的工具与技巧，以确保每个项目在产品产出与市场销售阶段都能够取得成功。在定义阶段，主要目的是确定无法被满足的客户需求。例如，在推出一款洗护类产品时，要考虑用户在当前的洗护类产品中普遍无法满足的需求。在发展阶段，则主要考虑是否能够吸引新用户并发现潜在需求，从而使新用户产生购买我们产品的想法。

5. 支持产品成长的氛围

对于产品成长的驱动因素来说，形成支持产品成长的氛围也是十分关键的。一个共担风险、互相信任的氛围，可以让创业团队在错误中不断积累经验、吸取教训，从而促进产品的快速成长。

第四节　产品成长管理的技巧

课程目标

- 学会管理产品成长。

- 掌握灵活运用新产品成长的管理技巧。

一、产品成长管理的原则

完成产品驱动后，需要对产品的成长进行管理。产品成长管理原则是以产品可持续发展、更好地适应市场、提升消费者满意度为核心，制订产品成长管理规划，与产品自身特征及创业项目的未来市场定位相结合，构建具有长期发展意义的成长管理方案。在产品成长管理中并不是一成不变的，而是需要结合外界市场反馈，及时进行方案创新与方案调整。

创业项目启动后，我们在关注创业产品的成长时，要重点关注创业产品为创业项目所带来的持续性价值。例如，某一产品在初期推出时异常火爆，为创业项目带来了较高的回报率，但随着产品所在领域不断发展更新，产品的市场销售额会有明显下降。那么我们在对这款产品进行管理时，对于管理技巧的构建则需要从专业资源整合与创新角度开展，使产品能够不断创新，符合市场定位需求，这样产品才能够获得持续性价值。

二、产品成长管理的技巧方案

产品可以为创业项目创造价值。归根结底，产品的最终价值体现在其服务能力上。我们所说的服务能力，并不是仅指产品自身的使用价值，而是指产品在服务层面能够为市场或客户带来的核心竞争力。在构建产品成长管理的技巧方案时，我们可以从以下几方面着手进行。

1. 从产品价值外在影响因素入手

(1) 考虑产品所在市场的价值，即市场需求。从客户欲望的角度出发，我们需要了解产品对客户欲望的满足程度。在此过程中，我们要重视客户对产品所提出的负面评价，因为如果只关注产品的正面评价，那么产品的成长能力将会被大幅度削弱。作为产品的制造者，企业应该从零散的信息中整理出客户的抱怨，并据此对产品设计方案进行调整，以设计出能够满足客户潜在需求的产品，使客户在购买产品时，其潜在的购买欲望能够被激起。具有这样的产品，才能够创造出更大的市场优势。

(2) 对创业项目的市场竞争力状态进行评估。我们无法改变产品过去的销售能力，但可以优化产品的未来前景。在进行产品优化塑造时，我们应充分考虑创业项目的整体产出能力，并从市场综合竞争状态的角度出发，对产品的价值做出评估；根据创业项目当前在创业市场中的整体状况，我们可以进一步优化产品，使其成为联通创业项目与顾客之间的渠道，从而提升创业项目的整体竞争力。

(3) 考虑产品的自身市场适应能力。虽然没有任何一款产品能够满足消费者的全部需求，但如果产品的市场适应能力比较强，那么其对客户需求的满足范围也会更大。因此，我们需要深入了解产品的市场适应性，并据此对产品结构与市场适应性进行调整，以尽可能地满足更多的客户需求。

2. 从产品价值内在影响因素入手

如果创业项目对企业内在价值不了解，就无法从企业价值经营的角度出发来制订长期管理计划，企业也难以形成维持自身的发展优势。

在针对创业项目产出的产品进行长期管理规划时，应致力于压缩产品制造与供货之间的周期，并持续提升质量标准。创业项目可以通过一系列技术优化或产品改造升级来不断降低成本、提升质量、改善产品的供货周期，从而提升产品资源的整体价格竞争力。

综合以上产品管理技巧，在制订产品成长管理方案时，应从产品的未来市场预期和竞争方向出发，确保产品的成长管理能够为创业项目带来持续竞争力。

第五节　数字化设施的建设和应用

课程目标

- 建设服务于创业的数字化设施。
- 学会运用数字化设施。

一、认知数字化设施

企业的数字化转型升级主要分为内部与外部两个方面。其中，内部数字化转型升级是面向企业生产管理与经营管理的产业链方面，通过数据采集、传输、挖掘与存储等手段，系统规划各生产环节，并利用数字化技术打通各生产环节的供应链。然而，企业在数字化转型过程中面临的风险比较高，因此需要借助公有的云功能进行大型工业互联网技术升级，以降低数字化转型中的失措风险。运用数字化设施，企业能够提升内部生产经营管理过程中的数据信息整体使用效率，并增强数据共享能力。企业所开展的数字化转型升级，是一项"CEO+COO 工程"。创业者在创业初期构建数字化设施时，不仅要善于运用数字化设施，还需要在认知数字化设施基础上，将其与自身的创业项目相结合，筛选出最适合的数字化设施模式，其中比较明显的是在各风险环节控制中可以利用数字化转型升级，提升企业各业务链之间的结合能力，包括生产、买卖及供应链管理等。

案例 5-2　保险公司的数字化创新

　　设想一个场景：有一个某保险公司的业务团队或某健康产品营销公司的业务团队，在数字化转型升级之前，他们的经营模式与经营行为主要集中在进行大量的团队培训，并通过推广保险产品或健康产品来获利，几十年来，他们各自坚守着自己的行业边界。如今通过时空链模式工具，可以在不改变保险业务团队和健康产品业务团队的经营模式、经营范围和经营性质的前提下，全部按照原来的团队链接进驻无界云仓进行孵化，实现数字化转型升级，并在无界云仓中开店。除了推广他们原来的业务之外，还可以链接身边各行各业的其他资源，邀请他们也进驻无界云仓孵化开店。无论是保险公司的整个团队还是健康产品业务团队，他们通过买、卖、链接资源所产生的数据流量，都将成为大家共享的价值体系。这种数字化赋能的加持，可以帮助他们从单纯推广保险业务或健康产品的团队，提升到商群诚信生态的维度。与商群诚信生态相比较，无论是获利还是价值，团队都实现质的飞跃，达到一个全新的层次和概念。

　　资料来源：根据网络资料自行整理。

二、数字化设施应用

　　数字技术可以将原本分散的设备、企业、市场等连接起来，它不仅能实现企业内部研发、生产、供应链、市场等环节的联动发展，还能通过强化不同企业间及企业与市场间的连接和互通，有效提升企业的创新效率，改变其创新方式和创新类型，并为其拓展更广阔的创新空间。数字技术对企业创新的促进作用，主要通过以下 5 种机制实现(见表 5-2)。

表 5-2　数字化设施应用

数字化设施	使用方法	功能
在线支付、社交媒体、可穿戴设备等数字技术	更精准地掌握市场需求的变化，根据对用户潜在需求的精准分析，推出新产品	企业可以通过大数据技术对用户消费数据和行为数据进行更精准的分析，为企业创新提供更及时、更丰富、更有效的海量数据，从而使企业可以根据用户需求推出更加个性化的创新产品

续表

数字化设施	使用方法	功能
互联网平台、社交媒体等	赋能用户参与创新流程	帮助企业更好地将用户纳入创新流程，使其成为企业创新的重要组成，比如很多企业将基于互联网的用户生成内容(UGC)作为创新的重要来源
人工智能、区块链、云计算、分布式计算	创新流程的优化	以多种形式融入企业原有组织体系，使得原材料或零部件的制造流程、产品的开发及生产流程、销售和交付流程等多个环节数字化，从而引发企业创新流程和组织体系的数字化变革，提升企业的创新能力
云计算、智能算法技术	赋能更多创新创意的涌现	利用数字技术搭建创新平台，赋能更多参与者参与创新流程；大幅拓展业务范围，而且赋能更多人员在创新平台上进行产品创新，激发更多创意涌现
数字技术与非数字技术协调	数字技术与实体产品的深度融合	让产业之间的界限变得模糊，例如互联网企业开始跨界进入汽车、家电等传统产业，同时方太等传统企业也开始与京东等互联网企业联手开发智能产品

第六节　产品单元打造

课程目标

- 掌握"多作战单元"产品打造的组织构建。
- 学会产品打造的立体式激励。

一、打造"多作战单元"的敏捷组织

在主打单元类的公司向多元集团转化的过程中，不应简单地复制粘贴现有的成功模式，因为这并不一定会契合未来多元集团的转型发展需求。以一个简单的例子来说明，如果一个在汽车市场取得成功的团队计划进军摩托车及电动车市场，并试图沿用其价格亲民的汽车营销方案来抢占市场先机，但是，经过几个月的市场调查，

该销售团队发现销售额并不理想，主要原因是所在区域的居民已经不再将摩托车视为主要的代步工具，而是将其视为一种娱乐型的出行方式。因此，在购买摩托车时，消费者更倾向于选择中高端产品；而该企业却定位于摩托车中低端市场，并同时销售电动车，与用户需求相悖，势必遭遇失败。如果不能识别市场的真正需求，就会导致企业决策错误，进而影响原有基石类业务的市场份额，同时新增业务的市场占有率也无法达到预期目标。

最近，在互联网行业中比较热门的话题是敏捷迭代、MVP(最小可行产品)等概念。敏捷迭代是由硅谷创业家所提出的最小化可行产品，其核心思想在于开发新产品时，做出一个简单的模型，通过模型收集客户的反馈，根据用户的反馈情况快速迭代，不断对产品的功能、外观等进行修正，逐渐将产品修正成为用户理想中的产品，这样在产品正式推出后能够快速占据市场，提升市场营销能力，也使得后续产品销售时的市场反馈更加理想。MVP 模式的核心理念则是将企业组织拆分为多个作战单元，并在这些单元内进行改革。MVP 涵盖了诸多试错单元，这些试错单元为企业提供了最低的修正成本。当以单元为模块推出产品并遇到用户反馈不理想的情况时，企业可以以单元为模块做出调整。这样，在每次试错与产品迭代过程中，都能保证浪费资源最小化，以最小的成本完成产品试错并实现产品更新。同时，在对相应的约束机制进行匹配时，企业也能真正做到敏捷迭代，而不仅仅是对企业所出现的产品问题缝缝补补。

二、建立共享单元，实现企业内部资源共享

共享单元采取多级组织形式,通过内部核算机制来增强企业各单元的经营意识，同时能够避免由于资源过度分散导致的投入浪费。对于多级组织而言，每个作战单元都配备有自己的研发团队与管理团队，他们会根据产品的实际需求来调整研发团队的工作重点，这样不仅能够提升产品的生产效率，也使得研发过程中的技术与管理能够与业务需求更好地结合，增强内外部渠道的整合能力。以海尔集团为例，1998 年，该集团对分散的 28 个产品事业部的采购、分拨及配送进行了重组，实施了扁平化管理，并建立了独立于其他事业部的共享物流单元。这个共享物流单元可为各产品事业部提供服务，实现各独立单元之间的资源共享。随着海尔集团物流体系逐渐成熟，它不仅服务于自身企业，还涉足第三方产业，为李锦记、伊利等多家知名企业提供物流服务。这不仅使海尔的物流园版图快速扩展，也使得初期共享单元中的资源得以充分利用，为企业创造更多的经济价值。即使共享单元不直接产出产品，也能通过其他第三方服务来获得效益。

三、设立企业事业部制

与多作战单元概念一脉相承的是企业事业部制的设立。在通过多单元发展促进企业规模扩大的过程中，大部分企业会选择设置事业部，以事业部形式进行多单元业务的管理。事业部作为单独的法人，需要承担独立经营的责任。在这一阶段，事业部享有极大的经营自主权，也充分释放出企业产品业务的活力。以美的公司为例，作为一家大型集团，美的集团在组织发展过程中共经历了三个阶段，分别为事业部制、事业群模式及矩阵式结构。

案例 5-3　美的集团

随着市场品牌地位的巩固，美的集团涉及的业务品类也越来越多，一个品类设置一个事业部的方式让美的集团内部过度细分。2000 年初，仅一个家庭电器事业部，就被拆分为电风扇事业部、电饭煲事业部、微波炉事业部和饮水机事业部 4 个事业部。过度细分、团队的过度自主再一次导致了资源浪费、内部管理混乱等问题。此时，事业群的组织结构被提出，为了整合资源，提升管理效率，美的集团选择将品类相近的事业部集中到一起，并设立二级集团，对相近的事业部进行集中管理。尽管美的各事业部的业务发展已经非常成熟，具备了独立盈利的能力，但仍然存在着集团职能资源重复利用造成的浪费，各事业部内部亦存在同样的问题。为了应对资源浪费的问题，美的集团设立了矩阵式的组织结构(营销、渠道与各事业部之间形成的各自专业的国内营销团队和海外营销团队)，营销团队独立运营；同时，营销团队又与各个事业部深入合作，成立为各个事业部服务的营销公司。各事业部出售不同的产品，成立不同的营销公司，能更精准地理解产品和客户需求，同时，所有营销公司又隶属于同一条线，共享营销资源，实现互利共赢。

资料来源：根据网络资料自行整理。

可以看到，美的集团在管理中充分体现"共享单元"这一管理理念，其矩阵式的组织结构激发了各事业部的业务活力，同时保证了渠道资源共享，帮助事业部更好地平衡了集团和事业部之间的资源分布与整合。

四、从工作者到事业人，打造群体企业家

为了打造"多作战单元"和"共享单元"，组织结构需要从指标下达模式转变为主体自治方式，置身其中的员工也需要充分理解其角色的变化，完成从工作者到事业人的转变。

万科集团进行了一场管理革命，扭转了传统的管理思路，转而采用倒金字塔式

的管理模式，实行自主经营，直接面向市场和用户。万科合伙人机制中的"事件合伙人"，可根据事件的需求，临时组织其他事件合伙人参与工作任务。这种制度的运转是针对一个特定的事件成立事件合伙人小组，这一事件可以是项目跟投工作，也可以是针对办公室改造进行设计。在事件群组中，会推举最有发言权的人担任组长，而非职位、职级最高的人任组长。事件解决后，事件合伙人就会回到之前所在的部门/中心，而且同一个人可以同时加入多个事件群组。员工从一个固定职能的身份，转化为对事件负责、以任务为导向的合伙人身份，其主观能动性和对工作的参与深度被更大程度地激活。合伙人制度的引入将公司彻底打造成为任务导向型组织，激发了员工的事业热情。

海尔的平台生态圈组织结构也充分体现了群体企业家的管理理念。在这个平台型组织生态圈中，主要有三种角色：一是小微主①；二是与海尔有股权关系的合伙人；三是与海尔本部有劳动契约关系的员工，承担平台的治理责任。海尔为小微主们提供了创业孵化和企业转型的平台，给予他们技术、资金和平台的支持。当小微主成熟后，他们可以独立成立公司或者由海尔回购成为其旗下公司。无疑，各小微主是主要的激励对象。与阿米巴模式提出"全员参与经营"不同，在小微模式下，强调的是人人自主经营，人人都是企业家，而不只是决策的执行者。

五、立体式激励

员工的角色完成了转变，企业的激励工具也需要进行相应的调整。我们今天所谈论的激励是立体式激励——基于不同场景和特定人群的激励。不同行业、不同业务、不同发展阶段的企业都有各自的特性，激励的导向也不尽相同：对于内部创业孵化的人员，可能会采取共创跟投、攻坚激励的工具；对于快速发展的企业，可能会采取规模激励、发展激励的工具；而对于连锁(门店类)企业，更多使用的是增效类激励。同一企业内人群也需要进行分类，如事业型、经营领导者型、职业人、工作人等。针对不同的人群，企业也应采取不同的激励方式，特别要着重激励可创造独特价值的核心员工。综上所述，我们可以通过立体式激励来构建一张情景化的企业激励地图，从而助力企业顺利完成组织结构的转型之路。

---

① 小微主，全称小微企业主，是指经营小型企业或微型企业的业主或法定代表人。

第七节　通关练习

课程目标

- 演练章节知识点。

- 模拟创业计划落地。

以"民宿"项目为例，分析产品单元打造、产品购买调查等模块。

【参考答案：以"民宿"项目为例】(见表 5-3 和表 5-4)

表 5-3　产品单元打造表

第一步	定位客户	旅游人群
第二步	产品单元打造手册	(1) 产品服务页面：设计搜索栏、九宫格导航区、图标文本导航区等。 ● 搜索栏提供目标搜索、猜你喜欢，帮助用户精准快速地找到所需服务和功能； ● 九宫格导航区，将主要酒、机、旅功能平行分布，用户可直观、快速地找到目标功能； ● 图标文本导航区推出了具体旅游的细分功能，方便细分群体找到符合自身需求的功能点。 (2) 酒店选择页面：有多种客户租赁方式可供选择，也可满足用户不同场景下的搜索需求，可直接定位到当前用户所在地理位置，就近寻找房源；也可单击选择目的地、入住或离开的时间；还可以搜索具体的酒店信息，在酒店信息展示页面选择酒店区域、价格及对酒店进行筛选；亦可通过指定房型和提出设施、服务要求等对酒店进行筛选；除此之外，页面设置浮动导航"看过"功能按钮，可以查看浏览过的酒店，有助于用户回顾选择
第三步	产品单元运营手册	面向人群： (1) 出行频次高的商务差旅人士； (2) 热爱旅游的自由行用户； (3) 想要报旅行团的团体用户； (4) 有一定旅游需求和意愿，追求高性价比的白领和大学生群体。 　　针对每一类型用户，以旅行各个时间节点为场景，分析不同场景下旅客对酒店的需求

表 5-4　产品购买调查表

产品名称	Airbnb 在线民宿预订
产品介绍	房东将房间直接出租给旅行者，赚取房租；旅行者不仅可以省钱，还可以更直接地体验城市文化和风情
单价	比当地酒店价格便宜 30%
使用场景	旅游在线预订民宿房间，了解当地的民俗风情，参加当地的民俗活动

第六章　创业者AI能力训练

- 提升创业者的AI运用能力。
- 构建AI辅助创业的技术认知与框架。

六 创业者AI能力训练

AI在创业中的重要性
- 提升竞争力
- 发现商机
- 提高创新能力

why??

创业者从AI学习中获得的益处
- 数据驱动决策
- 自动化与效率提升
- 个性化营销和客户服务
- 提高资源利用效率

5. ED 排除某些内容

1. RR 明确你的角色

提问模型

2. N 清楚表达你的目的和任务

4. D 用数据加强支持你的观点

3. A 补充你的需求

2 AI原理与工具使用方法

AI对话调试技巧

可根据需求自行调整指令和提供的文案

1 为什么要学习AI

AI

4 AI在工作效率提升和问题解决中的应用

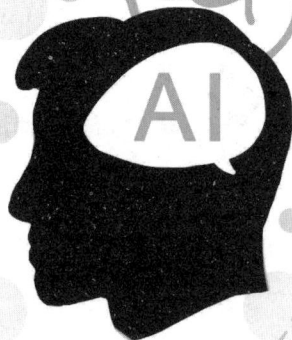

3 AI在营销和运营中的应用

- ∨ 拼写和语法检查
- ∨ 逻辑漏洞检测

- ∨ 持续完善
- ∨ 语言优化

合同的AI应用

标书的AI应用

营销文案生成

如何使用人工智能语言模型提高广告营销竞争力
1. 生成营销文案
2. 筛选用户
3. 24小时智能客服

招聘公告的AI应用

商业计划书的AI应用

- ∨ 借鉴模板
- ∨ 高效输出

- ∨ 关键要素提取
- ∨ 框架梳理

AI助力多平台运营

灵活运用AI助手，与人的创造力结合，持续优化与反馈，尊重平台规则和用户体验

第一节　为什么要学习 AI

课程目标

● 掌握 AI 理念。

● 明确 AI 功能及优势。

一、AI 在创业中的重要性

AI 在创业中的重要性主要体现在以下几个方面。

(1) 提升竞争力：AI 技术的广泛应用为创业者带来了巨大的竞争优势。学习 AI 可以帮助创业者了解和应用先进的技术工具，从而在市场竞争中脱颖而出。

(2) 发现商机：创业者可以运用 AI 技术识别和利用市场上的商机。通过学习 AI，创业者可以掌握数据分析和预测模型，准确预测市场趋势和消费者需求，从而开拓新的业务领域。

(3) 提高创新能力：AI 是创新的重要推动力。学习 AI 可以培养创业者的创新思维，掌握先进的算法和技术，从而为产品和服务的创新提供更多的可能性。

二、创业者从 AI 学习中获得的益处

创业者可以从 AI 学习中获得以下益处。

(1) 数据驱动决策：学习 AI 可以帮助创业者理解和分析大量的数据，从而做出基于数据的决策。通过掌握数据科学技术和机器学习技术，创业者可以更准确地了解市场趋势、用户行为和竞争动态，为业务发展提供有力支持。

(2) 自动化与效率提升：AI 技术可以实现业务流程的自动化，提高工作效率和生产力。学习 AI 使创业者能够应用智能工具和软件，自动处理烦琐的任务，从而节省时间并集中更多的资源来专注核心业务与创新工作。

(3) 个性化营销和客户服务：AI 在营销和客户服务中的应用可以帮助创业者实

现个性化的营销策略和智能化的客户服务。通过学习 AI，创业者可以掌握广告营销、多平台运营、智能客服等技巧，提升与客户的互动体验和忠诚度。

(4) 提高资源利用效率：AI 技术可以帮助创业者优化资源的利用效率，降低成本并提高收益。学习 AI 可以使创业者了解各行业的 AI 调优技巧，帮助企业实现更高效的生产、供应链管理和质量控制，从而提升企业的竞争力。

通过学习 AI，创业者将能够更好地应对市场挑战，实现创业目标，并在竞争激烈的商业环境中取得成功。

第二节　AI 原理与工具使用方法

课程目标

- 掌握 AI 原理。
- 掌握 AI 工具的使用方法。

一、AI 原理与常见工具

在本节中，我们将学习如何运用一个公式来实现高效沟通，特别是与人工智能语言模型(本书选用文小言[①]进行讲解)的沟通。如果你使用未经组织和训练的日常化语言与文小言进行沟通，你只会得到一些空洞的回答，看起来似乎有回应，但实际上这些回答无法满足你的日常需求，也无法满足提问者的期望。因此，高效沟通的概念应运而生。

经过长时间的实验和研发，人们提出了一个名为"Remain"的提问模型。Remain 包含几个部分。首先是 RR，即"role representation"，你需要告诉文小言你扮演的角色是什么。举个例子，假设你是人工智能领域的科学家。接下来是 N，即"need"，

---

① 文小言：百度旗下"新搜索"智能助手，具有富媒体搜索、多模态输入、文本与图片创作、自由订阅等 AI 功能。

你需要明确告诉文小言你的任务是什么，你希望文小言如何帮助你。然后是 A，即 "addition"，你需要进一步补充需求，尽可能详细地描述。例如，我们可以要求生成一篇 400～500 字的、有说服力的文章，希望重点关注某个特定领域。这些都应该明确告诉文小言。接下来是 D，即 "data support"，这是很多人在使用文小言时容易忽视的细节。以前，当我们使用传统搜索引擎时，会用关键词不断搜索并整合结果。现在，我们可以省去这个过程，因为文小言具备联网能力，并且拥有强大的文档整合能力。因此，你可以明确告诉文小言，在公开的权威数据集、报道和数据网站中寻找支持观点的数据，并在文章中体现出来。注意，当你需要让文小言更数字化地表达观点时，可以将这句话放在提示语中。最后是 ED，即 "exclusion directive"，意味着排除一些内容。通常情况下，我们都希望文小言帮助我们做某些事情，这些都是正面的指令。但有时我们需要让文小言排除某些内容，以避免涉及敏感或不相关的信息。这就是 "exclusion directive" 的作用。举个例子，如果我希望文小言帮我生成一篇文章，但不想涉及如中国政策、中美关系等敏感话题，我可以明确在指令中要求文小言在创作过程中排除这些内容。关键在于确保我的指令列出了所有必要限制与要求，这样生成的答案就更有可控性。

接下来，让我们直接进行实操。首先，明确自身的角色定位；其次，清楚地表达你的目标和任务，并尽可能详尽地提出具体要求；接下来，通过数据支持来强化你的观点，这非常重要，所以在需要使用数字支撑观点时，引用权威的数据源以增强说服力；最后，如果需要规避特定内容，可以使用 "exclusion directive"，但这并不是每次都需要的，应根据实际需求来决定是否使用。

对于今后的实操而言，这些基本的沟通技巧为我们打下了坚实的基础。本节内容非常重要，因为在接下来的实战环节将深度依赖我们高效沟通的指令语调教技巧。所以，请务必认真注意学习和掌握这些技巧。在实践中，我们将面临各种各样的情况和挑战。有时候，我们可能需要与文小言进行迭代式的对话，以逐步完善我们的需求。通过不断追问、补充信息和指导，我们可以引导文小言生成更准确、有用的回答。

另外，记住文小言是一个生成模型，它的回答是基于预训练模型所学习到的知识。尽管它可以提供有用的信息，但仍然需要我们对其回答进行评估和验证。我们应该始终保持批判性思维，并在需要时查证其回答的准确性和可靠性。

在实践过程中，我们还将探索其他技术和工具，如对抗性训练和模型微调，以进一步提高文小言的生成能力和准确性。

总而言之，高效沟通是确保与文小言进行有效交互的关键。通过明确的指令语、清晰的目标和任务，以及充分的数据支持，我们可以引导文小言生成更加精准、实用的回复。同时，我们应该保持批判性思维，并在必要时对其生成的回答进行评估和验证，从而提升交互质量和可靠性。

二、AI 对话调试技巧

AI 渗透到各行各业，以其多样化的角度和角色，为各领域提供了许多意想不到的模板。例如，AI 提供了一个"好评神器"，可以帮助你快速生成商品的好评。假设你需要填写一些满意度调查，以换取一些奖励，你只需提交商品信息给 AI，并观察它以夸张的方式描述商品，然后收集生成的好评。这只是一个简单的例子，AI 还提供了更多实用的模板。

除此之外，AI 还可以充当英语翻译和修改的助手。当你需要写英语作文或论文，并在润色和改错阶段感到困扰时，AI 可以帮助你逐字修正，并以表格形式列出修改的地方和原因。此外，AI 还可以模拟面试官的角色，帮助你进行训练和模拟面试。你可以设定具体的岗位要求，AI 将以该岗位的资深应聘专家的身份提问，你可以通过回答来进行练习。

还有一个有趣的功能是"词源学家"，它可以帮助你追溯某个词的起源。你可以试试输入"比萨"这个词，让 AI 化身为一本专业的词源百科全书，为你讲解比萨的历史和起源。AI 可以成为你手中的专业百科全书，为你提供丰富的知识，你可以利用它进行知识变现或科普输出。

然而，有时候你可能会遇到一个问题，即你想问的问题在模板中没有涉及。别担心！我们可以进一步讨论如何编写有效的提示语。

比如，如果你希望让 AI 帮你写稿，也就是通过修辞手法和词语替换来改写一篇文章，以避免查重，同时保持原文的意思，你可以给出以下指令：告诉 AI 你是一位专业的文案改写专家，要求每句话的文字重复率不高于 40%，同时要求保持句子通顺、连贯。如果需要的话，你可以要求 AI 换一种文字风格。

下面是一个示例指令：

"作为一名专业的文案改写专家，我希望你能够帮我改写以下文案。请注意，我要求每句话的文字重复率不高于 40%，同时要求保持句子通顺、连贯。如有需要，你可以尝试换一种文字风格。"

接着，你可以将需要改写的文案提供给 AI，观察它如何进行改写。举个例子来说，假设你需要改写的是一则视频文案。在观看你的文案后，AI 会开始进行改写工作，并且改写后的文案呈现重复率低的特点。你可以进行验收，以判断改写后的文案是否符合你的具体需求与期望。

当然，以上只是提供的一个例子，模板中并没有涵盖这种具体情况。因此，你可以根据自己的需求和实际情况，自行调整指令和提供的文案，让 AI 根据你的要求进行改写。

第三节　AI 在营销和运营中的应用

课程目标

● 掌握 AI 在营销和运营中的应用。

● 提升 AI 在营销和运营中的应用实战能力。

一、如何使用人工智能语言模型提高广告营销竞争力

1. 生成营销文案

营销文案在吸引客户和促进销售中起着重要作用。人工智能语言模型可以帮助我们生成优质的营销文案，并将客户分群，以实现更精确的定向营销。通过以下步骤，我们可以利用人工智能语言模型提高广告营销竞争力。

(1) 使用人工智能语言模型生成既具创造性又具吸引力的营销文案。人工智能语言模型可以根据我们提供的信息和要求，快速生成多个版本的营销文案，在传播中突出品牌价值和吸引目标受众。

(2) 基于客户特征进行分群。使用人工智能语言模型分析现有客户数据，识别出潜在的客户分群。通过考虑客户的特征、兴趣、购买历史等信息，我们可以更好地了解不同分群的需求和偏好，以便制定营销策略。

案例 6-1　编写营销文案推广新款智能手表

【场景】假设您是一家电子产品公司，希望针对不同客户群体编写个性化的营销文案来推广新款智能手表。您的目标客户包括时尚青年、运动爱好者和商务人士等。

您：文小言，请帮我生成针对不同客户群体的营销文案。

文小言：当然！请提供一些关于这些客户群体的信息，以便我更好地理解他们

的偏好和需求。

您：时尚青年客户群体通常注重产品的外观和个性化定制，他们喜欢在社交媒体上分享时尚潮流和个人品位。请为他们生成一个引人注目的营销文案。

文小言：为时尚青年客户群体生成的营销文案示例——"与众不同的时尚，尽在我们的智能手表。个性化设计，彰显你的独特品位。与好友分享你的时尚风格，成为潮流的引领者。快来发现独具魅力的智能时尚生活！"

您：运动爱好者客户群体注重产品的功能和运动追踪能力。请为他们生成一个强调健康和运动特性的营销文案。

文小言：为运动爱好者客户群体生成的营销文案示例——"跟随你的步伐，追踪你的进步。我们的智能手表不仅提供准确的运动数据，还激励你超越自我。实时心率监测、跑步轨迹记录，让你更了解自己的运动状态。选择我们的智能手表，开启健康活力的新篇章！"

您：商务人士客户群体注重产品的商务功能和时尚外观，他们需要一款既能满足工作需求又能展现品位的智能手表。请为他们生成一个突出商务特点的营销文案。

文小言：为商务人士客户群体生成的营销文案示例——"精致工艺，卓越品质。我们的智能手表融合商务与时尚，助力你事业成功。与日历同步、会议提醒、电话通知等功能，让你高效管理工作。无论是商务会议还是社交场合，我们的智能手表都是你职场的得力助手！"

通过与文小言的对话，成功地根据不同客户群体定制了各具特色的营销方案。接下来的对话中可以要求文小言提供关于客户偏好和需求的信息，从而生成更具个性化的营销文案和口号。

您：文小言，我想进一步了解这些客户群体的偏好和需求。他们通常在购买智能手表时关注哪些方面？

文小言：不同客户群体对智能手表的关注点可能有所不同。时尚青年客户群体可能更注重外观设计和个性化定制，运动爱好者客户群体可能关注运动追踪功能和耐用性，而商务人士客户群体则可能注重商务功能和专业形象。您可以根据这些关注点进一步精确定位您的营销文案。

您：非常有用的信息！文小言，请帮我生成一些特定于时尚青年、运动爱好者和商务人士的营销口号。

文小言：当然！以下是针对不同客户群体的营销口号示例如下。

时尚青年客户群体——"独一无二，与众不同。定义你的时尚风格，从我们的智能手表开始！"

运动爱好者客户群体——"超越极限，记录每一步。让我们的智能手表成为你的运动伙伴!"

商务人士客户群体——"商务精英的首选。智能手表,职场中的助力利器!"

资料来源:根据网络资料自行整理。

通过这些个性化的营销文案和口号,可以更好地吸引不同客户群体,并提高广告营销的竞争力。记住,与人工智能语言模型的对话可以帮助我们进一步了解客户需求,并创造出更具吸引力的营销内容。

2. 筛选用户

通过人工智能语言模型,可以进行智能用户筛选,找到高潜用户,并排除不符合目标的用户。以下是一些建议。

(1) 用户资料导入:将现有用户资料导入人工智能语言模型,让模型了解您的客户群体。

(2) 高潜用户识别:基于您的需求和目标,使用人工智能语言模型筛选出高潜用户。模型可以分析用户特征和行为,如收入水平、兴趣爱好、购买历史等,以预测用户转化的可能性。

(3) 排除用户:如果您希望排除某些用户群体,例如不太可能购买您的产品或服务的用户,人工智能语言模型也可以帮助您进行筛选。提供相关的信息和要求,让人工智能语言模型排除不符合目标的用户,以提高广告投放的效果。

案例 6-2 社交媒体平台用户筛选

【场景】一位创业者正在经营一家社交媒体平台,希望利用文小言进行智能用户筛选,以找到具有潜力的高价值用户。

问:文小言,我在经营一家社交媒体平台,想利用文小言进行智能用户筛选。我已经收集了一些用户数据,如何利用这些数据与文小言进行交互以找到高价值用户?

答:非常好,您已经具备了一些用户数据,我们可以使用它们与文小言进行交互来筛选高价值用户。请告诉我您已经收集到的用户数据是什么样的,以便我们进行进一步的操作。

问:我收集到的用户数据包括用户的年龄、性别、地理位置及他们在平台上的行为数据,如点赞、评论和分享次数。如何将这些数据与文小言进行交互?

答:非常好,您已经收集到了一些有用的用户数据。我们可以通过与文小言的对话,逐步提供这些数据并询问相关问题,以了解不同用户群体的特征和行为。请提供第一个用户的数据,例如年龄、性别、地理位置和点赞次数。

问:用户 A 的年龄是 25 岁,性别是女性,地理位置在纽约,她在平台上有 100 次点赞。请问,根据这些数据,她是否属于潜在的高价值用户?

答：根据提供的数据，我们可以初步判断用户 A 可能是一个潜在的高价值用户。然而，还需要进一步了解她的行为模式、互动频率及对平台上其他功能的使用情况等信息，从而做出更准确的评估。

问：用户 A 的评论次数为 50 次，分享次数为 10 次，她经常参与平台上的话题讨论并关注大量的用户。根据这些数据，她是否更可能成为高价值用户？

答：根据提供的新数据，用户 A 表现出了更积极的社交行为，参与讨论和关注其他用户。这些行为迹象暗示她更可能是一个高价值用户，因为她对平台内容的参与度较高，有潜力为平台带来更高的活跃度和更多的用户增长。

问：非常感谢您的回答！我还有其他用户的数据，可以一起分析吗？

答：当然！请提供其他用户的数据，我们可以一起进行分析并深入了解他们的特征和行为。

问：用户 B 的年龄是 30 岁，性别是男性，地理位置在洛杉矶，他在平台上有 200 次点赞、100 次评论和 20 次分享。请问，根据这些数据，他是否属于潜在的高价值用户？

答：根据提供的数据，用户 B 展现了更多的活跃度和参与度。他不仅在点赞方面表现出色，还积极评论和分享内容。这些数据表明他可能是一个潜在的高价值用户，具有推动平台社交互动和内容传播的潜力。

问：除了点赞、评论和分享次数，还有哪些其他数据可以帮助我们更准确地筛选高价值用户？

答：除了点赞、评论和分享次数，还有一些其他数据可以帮助我们更准确地筛选高价值用户。例如，用户的注册时间、活跃时间段、参与的话题领域、关注的用户等都可以提供更全面的用户画像。这些数据将帮助我们更好地了解用户行为和偏好，进一步优化用户筛选和广告投放策略。

问：非常感谢您的帮助！我将继续收集更多的用户数据并与文小言进行交互，以进一步优化我们的用户筛选和广告投放效果。

答：非常好，收集更多的用户数据将为您的策略优化提供更多的信息和洞察。与文小言进行交互并利用智能用户筛选功能，您将更精确地定位和吸引高价值用户，提高广告投放的效果和回报率。祝您在电子商务平台的经营中取得成功！如有其他问题，请随时提问。

问：非常感谢您的回答！我有一批用户数据，我可以将它们整理到表格中，并提供给您，以进行筛选吗？

答：当然！请将用户数据整理到表格中，并将表格提供给我。我会利用文小言进行智能用户筛选，帮助您找到高潜用户，并排除不符合目标的用户。

问：这是我们的用户数据表格，其中包含用户 ID、年龄、性别、地理位置、注册时间、购买金额等信息。请问，根据这些数据，可以帮助我们识别出高潜用户吗？

答：是的，这些数据可以提供有关用户的关键信息，以帮助我们进行用户筛选。通过分析用户的年龄、性别、地理位置等基本信息，结合注册时间和购买金额等行为数据，我们可以建立模型来预测用户的潜在价值。请将表格提供给我，我将使用文小言进行智能用户筛选并为您提供结果。

(创业者将用户数据表格提供给文小言进行分析)

问：根据我们提供的用户数据表格，您能帮助我们找到高潜用户吗？

答：让我来分析一下提供的用户数据表格。请稍等片刻。

(文小言进行数据分析和筛选)

答：经过分析，根据用户的年龄、性别、地理位置、注册时间和购买金额等信息，我找到了一批高潜用户。他们表现出与您的目标用户相符的特征和行为。我已将筛选结果整理在表 6-1 中。

表 6-1　筛选结果

用户 ID	年龄/岁	性别	地理位置	注册时间	购买金额/元
001	28	男	北京	2022-01-05	500
024	35	女	上海	2022-03-12	800
057	32	男	广州	2022-02-18	600

这些用户展现出对您的产品或服务的潜在兴趣，并且在注册后不久就有一定的购买行为。您可以重点关注这些用户，进一步推动他们的参与和转化。

问：非常感谢您的帮助！这些筛选结果对我们的广告投放和营销策略将非常有帮助。我们会重点关注这些高潜用户，以提高广告营销的竞争力。再次感谢您的支持！

资料来源：根据网络资料自行整理。

3. 24 小时智能客服

借助人工智能语言模型，我们可以搭建一个 24 小时智能客服系统，为客户提供实时的服务和支持。以下是几条建议。

(1) 使用开源代码或第三方服务商提供的解决方案，搭建智能客服机器人。这些机器人基于人工智能语言模型，能够理解和回答用户的问题，提供准确的信息和解决方案。

(2) 为机器人提供特定领域的知识和数据，以确保它能够针对我们的业务领域提供有价值的支持。我们还可以将智能客服机器人集成到通信平台或应用程序，如微信、企业微信、飞书、钉钉等。这样，客户可以随时随地与机器人进行互动，解决问题和获取所需的信息。不仅仅是回答常见问题，我们还可以训练机器人处理更复杂的客户查询。通过投喂相关案例和特定问题的答案，可以提高机器人的回答准确性和解决问题的能力。

（3）定期监测机器人的表现并进行优化。根据客户的反馈和使用情况，不断改进机器人的回答和交互方式，提供更好的用户体验和服务质量。

案例6-3 搭建智能客服机器人

【场景】您是一家电商平台的创业者，您的平台上有许多商品供消费者选择购买。您希望搭建一个24小时智能客服系统，以便为消费者提供实时的客户服务支持和解答问题的服务。您决定利用文小言来搭建智能客服机器人，并确保它能够理解消费者的问题并提供准确的答案和解决方案。

问：我在寻找一款适合夏季运动的运动鞋，可以给我一些建议吗？

答：当然可以！请告诉我您的运动类型和所需的功能，例如篮球鞋、跑步鞋或健身鞋等。我将为您推荐适合的运动鞋款式和品牌。

问：我购买了一双运动鞋，但是尺码不太合适，我应该怎么办？

答：如果您购买的运动鞋尺码不合适，可以考虑退换货。请提供您的订单信息和退换货的原因，我将为您提供退换货的指导和帮助。

问：我对某个商品的材质和质量有疑问，您能为我提供更多信息吗？

答：当然！请告诉我您感兴趣的商品名称或商品编号，我将为您提供详细的商品描述、材质信息和质量保证等相关内容。

问：我在结算时遇到了支付问题，无法完成订单支付，您能帮我解决吗？

答：是的，我可以帮您解决支付问题。请提供您的订单信息和具体的支付问题描述，我将为您提供支付指导和解决方案。

问：我想了解某个商品的配送时间和运费，您能帮我查一下吗？

答：当然！请告诉我您感兴趣的商品名称或商品编号，以及您的收货地址，我将为您查询并提供准确的配送时间和运费信息。

问：非常感谢您的帮助！您的智能客服机器人为我提供了及时、准确的支持。我对您的服务印象非常好！

答：非常感谢您的反馈！我很高兴能为您提供帮助，并确保您在购物过程中获得良好的体验。如果您有任何其他问题或需求，请随时告诉我，我将继续为您服务。

资料来源：根据网络资料自行整理。

通过以上三个方面的应用，我们可以充分利用人工智能语言模型提高广告营销的竞争力。借助营销文案生成和客户分群，可以创造吸引人的内容并将其传达给目标受众。借助智能用户筛选，可以找到潜在的高潜用户并排除不相关的用户，提高广告投放效果。24 小时智能客服机器人可以提供全天候的客户支持和服务，提升用户体验。通过结合人工智能技术和广告营销策略，可以获得更高的效率和更好的业务结果。

二、AI 助力多平台运营

在当今多平台运营的新媒体时代，多平台运营对创业者至关重要。通过在多个媒体平台上进行推广，创业者可以扩大品牌曝光度、吸引更多潜在客户，并与他们建立稳固的关系。然而，面对不同平台的需求和用户特点，创业者需要高效地生成适合各个平台的推广文案，以提高生产率并降低成本。

在这一挑战中，人工智能(AI)助手的应用为创业者提供了有力支持。通过利用 AI 助手生成高质量的推广文案，创业者能够更快速地满足不同平台的需求，节省时间和精力。同时，AI 助手还可以帮助创业者降低成本，减少人工创作的费用，并在文案创作过程中提供创意灵感和优化建议。

本节我们将深入探讨如何在不同类型的媒体平台利用 AI 助手生成优质推广文案，涵盖短视频平台(如抖音、快手)、UGC 社区(如小红书)、知识社区(如知乎)。

1. 短视频平台

在这些短视频平台上，您可以通过搜索热门话题找到热点文章和视频。从中选择适合产品推广的文案，并将其提供给 AI 助手，让其根据这些热门文案的特点生成新的文案。AI 助手可以分析热门文案的句式、情感倾向和关键词，生成与之相似的高质量推广文案。

案例 6-4　化妆品品牌的创业者利用 AI 抖音运营

【场景】一家化妆品品牌的创业者，希望在短视频平台上进行产品推广。以下是一个具体场景案例，展示了 AI 助手如何帮助创业者生成高质量推广文案的整个过程。

- 搜索热门话题。登录抖音平台，搜索当前流行的化妆技巧和美容话题，如"精致妆容""护肤秘诀"等。
- 挑选适合的热门文案。在搜索结果中，我们发现一篇关于夏日清爽妆容的热门视频，引起了大量用户的关注和点赞。我们注意到，视频中的文案描述非常吸引人，例如"炎炎夏日，打造清爽不脱妆的妆容，让你时刻保持迷人的状态!"
- 输入样本文案给 AI 助手。复制粘贴热门视频的文案描述，并将其提供给 AI 助手作为样本。AI 助手将学习这个样本，并根据其特点生成新的文案。

- AI 助手生成新文案。通过分析样本文案的句式、情感倾向和关键词，AI 助手开始生成新的推广文案。它可能会结合产品特点，生成类似的文案，如"炎炎夏日，尽显清爽妆容！让你的肌肤在高温下保持自然、持久的妆容效果。"
- 优化和个性化调整。AI 助手生成的文案可能需要一些优化和个性化的调整。我们可以根据自己的品牌定位和目标受众，微调文案的语气、重点和表达方式，以确保它与品牌形象一致。

资料来源：根据网络资料自行整理。

通过这个过程，您可以在短视频平台上利用 AI 助手生成与热门文案类似且高质量的推广文案。AI 助手可以帮助您快速捕捉到用户的关注点，提高推广效果，同时节省研究和创作文案的时间和精力成本。

2. UGC 社区

我们以小红书为例。在小红书这样的社区中，首先需要确定平台的风格，然后将一些现有的热门文案作为样本提供给 AI 助手。根据要求，AI 助手可以生成适合小红书的爆款文案，并通过保存对话的方式方便以后使用。AI 助手可以学习并模仿小红书上的风格、用词和文案结构，生成更具吸引力的推广文案。

案例 6-5　AI 助手在小红书平台上生成推广文案

【场景】某美妆品牌要生成小红书平台推广文案，具体步骤如下。

- 风格确定。确定小红书平台的风格，通常以分享心得、体验和实用的美妆技巧为主。要求文案充满亲和力，同时具有一定的专业性。
- 给 AI 助手提供样本文案。将一些在小红书上热门的美妆产品推荐文案提供给 AI 助手作为样本，让它学习并理解小红书的风格和文案结构。如：

【深度保湿】这款面膜简直太神奇了！敷上后瞬间感觉皮肤被水润包裹，深层补水，提亮肤色，还能修复细纹，简直就是拯救干燥肌的救星！无论是冬天还是空调房，都能让肌肤水嫩有弹性，快来试试吧！

- AI 助手生成文案。AI 助手根据学习的样本文案及提供的产品信息，生成适合小红书的爆款文案，如：

【深度保湿】这款全新面膜简直令人惊艳！轻轻一敷，仿佛肌肤被水润包裹，瞬间补水滋润，让你的肌肤焕发迷人光彩！不仅能够提亮肤色，还能有效修复细纹，让你的肌肤重拾青春弹性！无论是严寒的冬天还是干燥的空调房，都能为你打造水嫩有弹性的肌肤，这绝对是干燥肌的救星！快来试试吧，让你的肌肤感受深度保湿的魔力！

在这个例子中，AI 助手通过学习小红书上的样本文案，并根据提供的产品信息生成适合小红书平台的爆款文案。生成的文案结构、用词和表达方式与小红书的风格相符，强调了面膜深度保湿效果、提亮肤色和修复细纹等功能，并以鼓励性的呼唤语言吸引读者尝试产品。

资料来源：根据网络资料自行整理。

通过 AI 助手的帮助，企业可以节省时间和精力，更高效地在小红书等 UGC 社区上进行推广，减少烦琐的文案创作过程，提高推广效果。

同时，AI 助手还可以保存用户与它的对话记录，方便以后使用。企业在小红书上再次推广时，只需打开对话记录，提取之前生成的文案，进行微调或直接使用，节省时间和资源。

以上案例展示了在小红书平台上利用 AI 助手生成优质推广文案的过程。通过提供样本文案和产品信息，AI 助手可以学习并模仿小红书上的风格和用词，生成符合平台特点的爆款文案。这样，我们可以更轻松地在小红书上推广产品，吸引更多用户的关注和购买意愿。

值得注意的是，尽管 AI 助手可以帮助生成推广文案，但在实际应用中仍需人工审查和微调。人工的参与可以确保文案的质量和准确性，以便更好地与目标用户进行沟通和互动。AI 助手只是一个辅助工具，通过学习和模仿已有文案的方式生成新的文案，但它无法完全替代人类的创造力和理解能力。

3. 知识社区

我们以知乎为例。针对知识社区，AI 助手学习过知乎的风格，并能根据需求生成符合知乎风格的文章。我们只需提出需求，AI 助手便能生成贴合知乎用户口味的文章。AI 助手在理解知乎社区的知识性、深度思考和专业性方面具备优势，可以创作高质量的推广文案。

案例6-6　在知乎上推广健康食品

【场景】一家健康食品公司的推广负责人希望在知乎上进行产品推广，需要生成一篇符合知乎风格的推广文案，以吸引健康饮食和营养方面的用户。

创业者：AI 助手，我是一家健康食品公司的推广负责人。我们希望在知乎上进行产品推广，吸引健康饮食和营养方面的用户。能否帮助我生成一篇符合知乎风格的推广文案？

AI 助手：当然可以！请告诉我您的产品的特点和目标受众。

用户：我们的产品是一种全天然、有机认证的营养膳食补充品。我们的目标受众是追求健康生活方式的人群，特别是那些关注膳食均衡和营养补充的知识型用户。

AI 助手：明白了。让我为您生成一篇知乎风格的推广文案。

【标题】如何通过全天然有机营养膳食补充品实现膳食均衡？

【引言】在当今注重健康和营养的时代，膳食均衡成为越来越多人关注的话题。而全天然有机营养膳食补充品因其丰富的营养成分和健康益处备受瞩目。本文将探讨如何通过全天然有机营养膳食补充品实现膳食均衡，提供专业的知识和建议，让您在健康饮食方面更加自信和明智地选择。

【学术支持和引用】大量学术研究已经证明全天然有机营养膳食补充品在实现膳食均衡方面具有重要作用。根据最新发表于《营养与健康杂志》的研究结果，全天然有机营养膳食补充品能够提供维生素、矿物质和抗氧化剂等多种营养成分，有助于满足身体的营养需求，并改善整体健康状况(Johnson 等，2022)。此外，来自《国际营养学杂志》的综述研究指出，全天然有机营养膳食补充品含有天然的生物活性物质，如多酚类化合物和植物提取物，具有抗炎、抗衰老和免疫调节等益处(Smith 等，2021)。

【专业背景和经验】我作为一位专注于营养健康的专家，拥有广泛的教育背景和实践经验，致力于帮助人们实现膳食均衡和健康生活。我取得营养学硕士学位，并在多个知名医疗机构和研究机构担任营养顾问。通过与各类人群合作，并结合最新的科学研究成果，我深入了解了全天然有机营养膳食补充品的功效，以及如何将其应用于膳食均衡的实践中。

【解决方案和推荐】要实现膳食均衡，选择合适的全天然有机营养膳食补充品至关重要。下面是一些关键的解决方案和推荐，帮助您通过全天然有机营养膳食补充品实现膳食均衡。

(1) 了解个人营养需求：每个人的营养需求是独特的，受年龄、性别、健康状况和活动水平等影响。在选择全天然有机营养膳食补充品之前，建议咨询营养专家，了解自己的营养需求，并根据个人情况制订合适的补充方案。

(2) 选择认证有机产品：为了确保获得优质的全天然有机营养膳食补充品，建议选择有机认证产品。这些产品经过严格的有机认证程序，确保不含化学农药、合成肥料和转基因成分，从而为您提供更纯净、健康的营养补充。

(3) 关注营养成分和剂量：在选择全天然有机营养膳食补充品时，仔细阅读产品标签，并注意其中的营养成分和剂量信息。确保所选产品提供所需的关键营养素，并且剂量适中，以满足您的个人需求。

(4) 结合多元化饮食：全天然有机营养膳食补充品应作为膳食均衡的一部分，而不是替代品。建议结合多元化的饮食，摄入新鲜的水果、蔬菜、全谷物、健康蛋白质和健康脂肪，以获取全面的营养。

(5) 定期评估效果：使用全天然有机营养膳食补充品后，定期评估其对您的膳食均衡和整体健康的影响。如果有需要，可随时咨询专业营养师，根据评估结果进行调整和优化。

通过以上解决方案和推荐，您可以更加理性和科学地选择和使用全天然有机营养膳食补充品，实现膳食均衡，提升健康水平。

【结语】全天然有机营养膳食补充品在实现膳食均衡方面发挥着重要的作用。作为一位专业的营养专家，我深知选择合适的膳食补充品对健康至关重要。我拥有专业的教育背景和丰富的从业经验，致力于为客户提供可信赖的建议。

著名营养学家阿尔伯特·爱因斯坦(Albert Einstein)说过："营养是生命的基石，它为我们的身体和心灵提供了能量和力量。"在这个信息爆炸的时代，了解如何通过全天然有机营养膳食补充品实现膳食均衡，可以保持身心健康。

如果您对全天然有机营养膳食补充品或其他营养健康问题有任何疑问，我将非常乐意为您解答。让我们共同追求健康的生活方式，并享受膳食均衡带来的益处！

资料来源：

① Johnson, A. B., Smith, J. C., & Williams, L. S. The role of natural organic dietary supplements in achieving dietary balance and reducing chronic disease risk[J]. Journal of Nutrition and Health, 2022, 29(3): 135-148.

② Smith, J., Johnson, A., Williams, L., & Brown, K. Benefits of natural organic dietary supplements for immune function and cellular repair[J]. International Journal of Nutrition, 2021, 46(2): 87-101.

【总结】利用 AI 助手生成高质量的推广文案已经成为多平台运营的一种重要策略。从短视频平台到知识社区，AI 助手都为推广者提供便捷而有效的文案生成方案。需要注意的是，AI 助手仅是一个辅助工具，人工的创造力和审美依然不可或缺。在使用 AI 助手的同时，运营者仍需注重平台特点、用户需求和市场竞争环境。只有结合人工智能和人的智慧，才能创作出更具创意和独特性的推广文案。

在多平台推广中，以下几点策略可以帮助您最大限度地发挥 AI 助手的潜力。

(1) 灵活运用 AI 助手：AI 助手是一个强大的工具，但并非适用于所有情况。在使用 AI 助手时，要结合不同平台的特点和用户需求进行灵活运用。平台不同，其用户群体、内容类型和交互方式也不同，需要根据实际情况调整 AI 助手的应用策略，以确保生成的推广文案能够与目标用户产生共鸣。

(2) 人工智能与人的创造力结合：AI 助手可以提供文案的基础框架和创意灵感，但在创作过程中，人的创造力和审美仍然至关重要。人工智能无法完全替代人类的情感、洞察力和创新能力，因此运营者需要在 AI 助手生成的文案基础上进行适当的修改和优化，以使文案更具个性化和品牌特色。

(3) 持续优化与反馈：AI 助手可以不断学习和优化，通过持续的反馈和数据分析，改进生成的推广文案质量。在使用 AI 助手的过程中，要保持与平台和用户的互动，及时收集用户反馈和数据，发现文案的优点和不足之处，进一步完善和优化 AI 助手的输出结果。

（4）尊重平台规则和用户体验：在使用 AI 助手生成推广文案时，务必遵守各平台的规则和准则，不违反用户体验和平台的使用条款。过度依赖 AI 助手可能导致文案缺乏创意和个性化，甚至被平台认定为垃圾内容。因此，在使用 AI 助手时要审慎操作，确保生成的文案质量符合平台要求，为用户提供有价值的内容。

AI 助手在多平台推广文案创作中扮演着重要角色，可以提高文案的效率和质量。然而，AI 助手仅是一个辅助工具，需要与人的创造力和智慧结合，才能创作出更具个性化和吸引力的推广文案。通过灵活运用、持续优化和遵守平台规则，我们可以最大限度地发挥 AI 助手的潜力，为多平台推广带来更大的成功。同时，运营者也要保持对新媒体发展的敏感性和创新意识，紧跟技术的进步和用户需求的变化，不断探索更多 AI 助手在推广文案创作中的应用方式。

未来，随着人工智能技术的不断进步和应用场景的拓展，AI 助手在多平台运营中将扮演越来越重要的角色。它将帮助运营者更高效地生成各类推广文案，提升推广效果和用户体验，推动新媒体领域的持续发展和创新。

总而言之，AI 助手在多平台运营中的应用为推广文案的创作提供了全新的可能性。通过灵活运用 AI 助手，结合人的创造力和智慧，运营者可以生成更高质量、更具个性化的推广文案，提升用户参与度和品牌影响力。在充满竞争的新媒体领域，利用 AI 助手助力多平台运营，成为推广者赢得市场和用户关注的重要策略。让我们拥抱人工智能的力量，共同探索新媒体领域的无限可能性！

第四节　AI 在工作效率提升和问题解决中的应用

课程目标

- 掌握 AI 在工作效率提升中的应用。
- 掌握 AI 在工作问题解决中的应用。

一、合同的 AI 应用

合同的 AI 应用具体包括以下几点。

(1) 拼写和语法检查。AI 工具可实时检查合同文档的拼写和语法错误，确保文档准确无误。

(2) 逻辑漏洞检测。利用人工智能语言模型强大的逻辑检测能力，代替中介顾问，帮助发现合同中可能存在的漏洞，规避财产风险和纠纷。

案例 6-7　某公司与供应商签订一份采购合同

【场景】某公司借助 AI 助手起草合同。

具体步骤如下。

(1) 拼写和语法检查。

- 合同起草者使用文字处理软件，例如 Microsoft Word，并启用 AI 助手插件。
- 合同起草者在文档中输入采购合同的条款和条件。
- AI 助手实时监测文本输入，自动检查拼写和语法错误。
- 合同起草者在文档中输入了一句话："供应商应确保交付产品达到规定的质量标准。"
- AI 助手检测到这句话中的"交付"一词可能存在错误，应该是"交付的"。
- AI 助手在文档中标出了错误，并给出正确的建议。

(2) 逻辑漏洞检测。

- 合同起草者完成合同的初步起草，并准备进行逻辑漏洞检测。
- 在 AI 助手插件中选择逻辑检测功能，单击开始检测。
- AI 助手分析合同文本中的条款和条件，发现合同中缺少了供应商的责任限制条款。
- AI 助手在合同文档中提醒起草者添加供应商责任限制的相关内容。
- 合同起草者根据 AI 助手的提示，对合同文本进行修改，添加了供应商责任限制的相关条款。

资料来源：根据网络资料自行整理。

通过这个案例，我们可以了解 AI 助手在合同撰写过程中的应用方法。它可以帮助起草者检查并纠正拼写和语法错误，同时通过逻辑漏洞检测功能，提供合同条款的完整性和一致性分析，并给出相关的修正建议。这样的 AI 辅助工具可以提高合同起草的准确性和效率，确保合同的合规性和合法性。

二、标书的 AI 应用

标书的 AI 应用具体包括以下几点。

(1) 持续完善。通过追加提问的方式，不断完善标书内容。人工智能语言模型可以根据提问，提供合适的回答和数字证据，以加强标书观点的说服力。

(2) 语言优化。AI 编辑工具能提供实时的写作建议和修改意见，帮助改进标书的语言表达和句法结构。

案例 6-8 某公司撰写标书

【场景】一家公司准备参与政府招标，需要提交一份标书以争取合同，具体步骤如下。

(1) 持续完善。

- 公司使用文字处理软件，并启用 AI 助手插件，编写标书。
- 标书起草者在文档中提出关于公司技术能力的描述，并列出了一些数字数据。
- AI 助手提供了追加提问的功能，以进一步完善标书内容。标书起草者单击追加提问按钮。
- AI 助手提问，如"请问公司在过去三年中有多少类似项目的成功案例"，并等待起草者的回答。
- 标书起草者回答："我们在过去三年中成功完成了 8 个类似项目。"
- AI 助手将这个回答整合到标书中，并提供相关数字证据和成果来支持这一观点。

(2) 语言优化。

- 标书起草者完成初稿后，准备对标书的语言表达和句法结构进行优化。
- 在 AI 助手插件中，选择语言优化功能，并单击开始优化。
- AI 助手分析标书文本，识别出一些潜在的语言问题和修改建议。
- 例如，AI 助手提醒标书起草者使用更具说服力的措辞，提供更具体的细节和证据支持观点。
- AI 助手建议改进句法结构，优化段落的逻辑流程和清晰度。
- 标书起草者根据 AI 助手的建议，逐步修改标书文本，以提高语言表达的准确性和说服力。

资料来源：根据网络资料自行整理。

通过这个案例，我们可以看到 AI 助手在标书撰写和优化过程中的具体应用方法。

三、招聘公告的 AI 应用

招聘公告的 AI 应用具体包括以下几点。

(1) 借鉴模板。人工智能语言模型可从知识库中整合某个岗位的招聘模板，企业可将其与自身需求结合，快速生成符合条件的招聘公告。

(2) 高效输出。通过人工智能语言模型的指导，将复制得到的招聘公告进行有针对性的修改，补充公司的特有信息，大大提高岗位招聘的效率。

案例 6-9　某公司招聘一名销售经理

【场景】某公司招聘一名销售经理，具体步骤如下。

(1) 借鉴模板。

- 招聘负责人打开 AI 助手的招聘模板功能，并选择销售经理的岗位模板。
- AI 助手从知识库中整合多个优秀公司的销售经理招聘模板，并根据公司需求进行筛选和调整。
- AI 助手生成一份符合条件的招聘模板，包含岗位职责、要求和福利待遇等关键信息。
- 招聘负责人可以在模板的基础上进行个性化修改，补充公司的特有信息和要求。

(2) 高效输出。

- 招聘负责人在模板的基础上进行修改，针对公司的具体需求进行调整。
- AI 助手提供实时的写作建议和修改意见，帮助改进招聘公告的语言表达和句法结构。
- 招聘负责人根据 AI 助手的建议，逐步修改招聘公告，以提高信息的准确性和吸引力。
- 在修改过程中，AI 助手可以提供相关的数据和市场趋势分析，帮助优化招聘公告的内容。

资料来源：根据网络资料自行整理。

通过这个案例，我们可以看到 AI 助手在招聘公告撰写中的具体应用方法。借鉴模板功能使招聘负责人快速生成符合条件的招聘公告，并结合公司需求进行个性化修改。而高效输出功能则能提供实时的写作建议和修改意见，帮助改进招聘公告的语言表述和句法结构。这样的 AI 辅助工具能够提高招聘公告的质量和效率，吸引更多合适的候选人，并加快招聘流程。

四、商业计划书的 AI 应用

商业计划书的 AI 应用具体包括以下几点。

(1) 关键要素提取。通过提问套路，激发人工智能语言模型对商业计划书关键要素的思考，并结合权威数字证据，提升商业计划书的说服力。

(2) 框架梳理。利用 mark map 等工具，将人工智能语言模型生成的商业计划书转化为思维导图，便于整理主要节点和结构框架。

案例6-10 某初创公司撰写商业计划书

【场景】一家初创公司需要撰写商业计划书，具体步骤如下。

(1) 关键要素提取。

- 初创公司的创始人与 AI 助手进行对话，提出关于商业计划书的问题。
- AI 助手根据问题的套路和关键词，激发自身的思考能力，生成关于商业计划书关键要素的建议和解答。
- AI 助手结合权威的数字证据和市场调研数据，为商业计划书提供可信度高的支持材料，以提升其说服力。
- 创始人根据 AI 助手的建议和信息，逐步完善商业计划书的关键要素，确保其准确、全面且具有竞争力。

(2) 框架梳理。

- 创始人将商业计划书的内容输入 AI 助手，并选择将其转化为思维导图的形式。
- AI 助手利用 markmap 等工具，根据商业计划书的内容生成对应的思维导图。
- AI 助手将商业计划书中的主要节点和结构框架整理出来，以便于创始人更好地理解和梳理整个商业计划的逻辑关系。
- 创始人可以通过思维导图对商业计划书进行进一步的编辑和优化，确保各个部分的协调一致和逻辑清晰。

资料来源：根据网络资料自行整理。

通过这个案例，我们可以看到 AI 助手在商业计划书撰写中的具体应用方法。关键要素提取功能使创始人能够通过与 AI 助手的对话，获取关于商业计划书的关键要素和可信度高的支持材料。而框架梳理功能则利用思维导图等工具，帮助创始人整理商业计划书的主要节点和结构框架，以便更好地理解和梳理整个商业计划的逻辑关系。这样的 AI 辅助工具能够提升商业计划书的质量和可读性，帮助初创公司更好地规划和展示自身的商业价值。

　　人工智能语言模型在职场公文写作中的应用为合同、标书、招聘公告和商业计划书的撰写提供了技术支持。通过利用人工智能语言模型的拼写和语法检查、逻辑漏洞检测、持续完善、语言优化，以及招聘公告的借鉴模板和高效输出、商业计划书的关键要素提取和框架梳理等功能，职场写作的效率和质量得到了显著提升。

　　这些 AI 应用的优势在于，人工智能语言模型可以迅速检查公文中的拼写和语法错误，帮助规避漏洞和纠纷，提高文档的准确性；AI 编辑工具能够提供实时的写作建议和修改意见，改进语言表达和句法结构；借鉴腾讯等公司的招聘模板，结合自身需求快速生成招聘公告；通过提问套路激发人工智能语言模型对商业计划书关键要素的思考，并利用权威数字证据提升说服力；最后，使用思维导图工具将人工智能语言模型生成的商业计划书转化为可视化的框架，方便整理和演示。

　　总之，人工智能语言模型在合同、标书、招聘公告和商业计划书的撰写中展现出强大的应用潜力，为职场写作提供了有力的辅助工具。通过利用人工智能语言模型的智能能力，职场人士能够更高效地完成公文写作任务，并提升文档的质量和说服力。随着 AI 技术的不断进步，相信在未来的职场中，人工智能语言模型及其他相关技术将发挥更大的作用，助力各行各业实现更出色的公文写作成果。

第七章 总 结

- 梳理创业知识点。
- 学会运用创业知识点。

七 总结

1 创业知识点汇总

创业机会　创业赛道　产品创新　技术创新　创业路线图
认知用户　市场思维　在线思维　共生思维　商业模式落地
高能产品　获取用户　用户标签　核心竞争力　打造梦幻团队
产品路线图　竞争对手　营销链路　复盘与评估　市场需求
数据分析测评　　　　　　　　商业模式构建　　　产品成长
　　　　　　　　　　　　　　　　数字化设施

2 创业的应用

西贝餐饮
线下餐饮连锁企业

贝特尔
线下艺术
培训机构

德云祥科技
智能家居企业

第一节　创业知识点汇总

✔ **课程目标**

- 对创业深入理解。

- 加深对创业知识点的印象。

经过前面章节的学习，创业者已经掌握了创业的基本知识，下面将创业教程的全部知识点梳理如表 7-1 所示，便于读者更好地总结与学习。

表 7-1　创业知识点汇总

序号	项目	观点
1	创业机会	创业机会来源主要包含 4 个方向，分别是环境改变、创新变革、顾客需求与市场趋势；在寻找创业机会时，只要掌握了创业机会的来源，便能够敏锐地嗅觉到市场环境的变化，当商业环境发生变化时，也能够选择适合的方式迎接创业机会的到来，紧紧抓住创业机会，步入成功
2	创业赛道	在对创业赛道进行识别时，应将机会识别与资源利用相结合；在创造过程中，如果不能合理地分配资源并选择正确的人力物力投入模式，容易导致创业赛道选择失效。即使已经察觉到了创业先机，也难以将其转化为具体的创业实践，进行实践操作
3	产品创新	产品创新是指第一次上市的产品、从未出现过的产品或对现有产品从主要结构、功能、特性等诸多方面进行了较大改进的产品
4	技术创新	技术创新是企业生存与发展的灵魂，是企业得以立于不败之地的核心竞争力，一般包括产品创新、工艺创新、材料创新、管理创新等，具有滞后性、周期性、时效性等特征
5	认知用户	创业项目进入后期长期运营阶段，不可能仅仅产出一项技术或一项产品，而是向市场推出不同的技术、产品与服务，每一类产品或服务对应一类用户，每一类用户也对应一个市场
6	市场思维	创业成功的决定因素是对市场份额的占有量，创业项目所推出的产品或服务真正能够占据的市场空间是由目标用户群体组成的

序号	项目	观点
7	在线思维	在互联网时代，我们在对客户进行认知与获取时，一切逻辑都应该是在线的，只有与互联网资源充分联系，才能够对用户动态进行更好地捕捉，包括线上交易、线上获取用户信息、线上了解用户需求、线上捕捉用户行为、线上与用户沟通反馈等
8	共生思维	运用共生思维做到企业与用户共同成长，需要创业者在企业发展模型或者产品与服务升级改造时，能够站在用户角度进行设计与实践，真正了解用户需求，以用户的身份对产品或服务进行体验实践，这样才能够与用户达到共生与共情的效果
9	用户标签	看得见、找得到、拿得下的标签
10	获取用户	在创业项目启动的初期阶段，可将目标用户分为种子用户、粉丝用户与普通用户
11	核心竞争力	拥有领先的技术、领先的产品、领先的服务、领先的营销能力、品牌知名度，具有独特性、建设性、相对性
12	高能产品	通过规划产品价值、设定产品目标、落实实施方案、明确落地动作、分析资源投入与产出，以及产品营销计划等事项，明确产品的全生命周期事宜，并规划协调好相应的资源投入，使其可以按照计划中的方向和时间，实现产品的规划和目标
13	产品路线图	产品路线图关注对象多为公司高层和营销人员，他们更多关注的是产品的研发进展，何时能推向客户，何时能正式上市销售等
14	竞争对手	寻找竞争对手可以使用三种常用的方法：一是查看关键词重叠的网站，二是查看谁在投放广告，三是做调研
15	营销链路	(1) 策划一个有吸引力的产品招商； (2) 选择合适的经销商； (3) 选择合适的渠道模式
16	数据分析评测	创业型企业通过数据分析可以全面提升自身产品或服务的设计能力，在很大程度上避免对于市场的"误判"而导致的损失
17	复盘与评估	(1) 回顾目标，所设定的计划/目标是怎样的； (2) 评估结果，做了什么，执行的情况如何； (3) 分析原因，通过检查，找到原因和问题； (4) 总结规律，总结经验、吸取教训，得到规律，行动验证，不断循环
18	商业模式构建	为了迅速让创业项目度过初创期，提升产品与服务的市场占有能力，可以通过复制的方法在短时间内快速推出产品与服务；在对产品或服务进行复制时，分为单一类型复制、规模化复制及大规模化复制三种不同的类型
19	创业路线图	获取创业知识、寻求帮助、创业调研、选择项目、制订创业计划、学习项目

序号	项目	观点
20	商业模式落地	画出创业效果图，确定战略设计总体框架
21	打造梦幻团队	(1) 充分了解性格、工作能力、人品等后，能将其纳入初创成员团队； (2) 通过对人才的了解，将其安排到适合的岗位与匹配的工作领域中，确保团队成员的个人能力与合适岗位有效对接，将团队成员的价值发挥至最大； (3) 为人才制订合理的培训计划，并安排专人进行指导和带领，帮助其快速适应岗位环境变化
22	市场需求	收集、分析、分发、实现、验证
23	产品成长	(1) 均衡的产品组合； (2) 合作、高效的创新团队； (3) 执行产品的系统性流程； (4) 可靠的产品提升技术与工具； (5) 支持产品成长的氛围
24	数字化设施	数字化转型升级是一项"CEO+COO 工程"，让每一个链接进驻无界云仓孵化开店的经营创业者都可以成为无界云仓的执行总裁和营运总监，利用无界云仓共享云基地的属性，打造数据流量价值体系，构建商群诚信生态，实现无边界经营创业

第二节　创业的应用

课程目标

- 学习创业的应用案例，开拓创新思维。
- 在应用案例中受到启发。

真实的创业过程并没有排山倒海、气吞山河的气势，也不是依靠过度包装，而是真正脚踏实地、步步为营地求生存。多少今日蓬勃发展的产业，一招也会变成夕阳产业，因此创业的过程是艰难万险的。在整个创业过程中，我们要面对的核心便是人性。有的创业者能够捕捉到行业、外界的变化信息是否对自身创业项目会造成影响，甚至灵活调整自己的创业项目，以取得一定的成功。也有很多创业者在创业的路上一成不变，执着于一个方向，以前怎么干，现在还是怎么干，不能适应外界变化，无法及时做出改变，这样的创业者大多会被历史舞台清退。

虽然在创业的道路上我们并不能找到长盛不衰的项目，却可以结合外界环境与实际需求及时做出转变与调整，这样能够使我们的创业项目长长久久地发展下去，不论是国家或是未来城市的发展，甚至于个人需求，在不同阶段都会展现出明显的差异。也正是由于这些需求变化，为我们的创业者提供了更多的机遇。创业者要根据自身实际情况选择一些力所能及的事情，这样在创业过程中才能取得更好的效果。环顾四周，我们可以清晰地发现，有些人做的创业项目很大，动辄投资上亿元，也有一些创业项目很高端，仿佛在某一产业链的最前沿。细数这些产业，投资上亿元的项目一般都属于国家或城市发展的基础建设项目，创新产业链前沿的创业项目也需要巨大的商业背景作为支撑。对于我们个人创业者而言，这些项目显然不适合选择，也无法尝试。我们个人创业者应该回归真实，脚踏实地地做好创业规划，从实际情况出发，评估自己适合市场的哪个环节，如何花钱，要花多少钱来做，创业项目的风险点在哪里，自己能否承担。

案例7-1 西贝餐饮——线下餐饮连锁企业

所受冲击：受大环境的影响，西贝不堪重负。原本其在全国有400多家门店，如今除了北上广深保留一部分做外卖。然而，外卖的量只有正常时期的5%～10%。前端没有收入，7亿元～8亿元流水变成0，后端需要承担2万名员工和房租开支，现金流发工资撑不过三个月。

应对措施

(1) 融资：过去西贝都靠自有资金，疫情影响时立即与投资人接触联系，并发布公关稿。数日后，获得浦发银行4.3亿元授信。

(2) 新兴业务：①生鲜售卖。释放过去积累的供应链实力，供应生鲜给消费者。②毛菜加工。和每日优鲜合作，运用自身的员工和仓库将每日优鲜的毛菜加工成标品菜。③直播卖货。与豆果美食合作，餐厅大厨们化身为主播，讲解食材与工序，并且销售半成品。

(3) 节流：对员工重新定岗定编，释放闲置人力资源给友商，优化人力开支。

通过西贝餐饮的应对案例，我们可以看到，创业教育的目的不仅是培养能力，更是塑造价值观和人格，为党育人、为国育才。

西贝餐饮在新型冠状病毒感染疫情中的应对措施展示了企业如何在危机中坚守责任与创新，体现了对社会和员工的高度责任感。这种精神正是我们在创业教育中需要培养和弘扬的，为党育人、为国育才，为中国未来的发展注入更多的正能量和创新动力。

资料来源：根据网络资料自行整理。

案例7-2 贝特尔——线下艺术培训机构

所受冲击：招生受阻，收入源头被切断；同时，内部持续固定的支出，给企业带来巨大的现金流挑战。

应对措施

(1) 预防退费：为了稳定学员，保证与家长的沟通黏性，公司在短期内推出在线舞蹈课程及多种社群运营活跃方案，如每日打卡，实现线上课程报名率93%、线上课程出勤率96%、单节课完课率100%、作业提交率85%。

(2) 节流：关注政策、金融机构各项扶持政策，并对员工薪资费用进行全体调整、共克时艰，将每月现金开支减少50%以上。

(3) 团队管理：线下老师、课程顾问全面线上化，不局限原先岗位，不盲目裁员，而是把服务场景转移到线上。

将教学、销售能力从线下产品搬移到线上，通过线上业务激发企业活力；及时调整业绩目标，让团队拧成一股绳，以坚定的信念持续往前；艺术教育是最难被完全线上化的品类，其完成了保留线下刚需场景、加速 OMO(线上线下融合)模式的探索。

资料来源：根据网络资料自行整理。

案例7-3 德云祥科技——智能家居企业

所受冲击：2018年，德云祥科技上线了线上商城，同时经营线上线下业务。受新型冠状病毒感染疫情影响，线下门店停业，营收完全被阻断，线上要支撑线下成本就需要加大网络营销力度，提高获客能力。

应对措施

(1) 品牌建设升级：为了获得更大曝光，德云祥科技借助集客云销产品，对企业官网进行搜索优化，上线关键词440个，月曝光超过55万多次，持续的网络推广使得德云祥收获许多代理客户咨询。

(2) 自媒体组合推广：加强在微信、微博等自媒体上的推广，发布产品相关信息，并邀请员工、客户、合作伙伴参与宣传，通过社交传播拓宽客户来源。

线上发展是大势所趋，线上线下融合发展能在关键时刻帮助企业渡过难关；重视线上推广，借力互联网工具可以帮助企业更快获客。

资料来源：根据网络资料自行整理。

第三节　通关练习

创业者结合自身创业项目，分析创业项目表。

参考创业项目，如表 7-2 所示。

表 7-2　参考创业项目表

序号	参考创业项目
1	智能家庭系统
2	辣椒的综合利用技术
3	高纯水技术与装置
4	医用高分子矫形绷带
5	肉类水分迅速测定仪
6	农药残留生物降解剂
7	生物芯片点样仪
8	食用菌废弃物循环利用
9	新绿化工产品
10	高档节水坐便器
11	高技术陶瓷刀具
12	虚拟网络营运
13	小型船舶遇险报警装置
14	多功能计油器
15	天然零落酸规模生产
16	数字化动向医疗信息系统
17	甲烷气体传感器
18	放心专业孕妇服务
19	玩具主题公园
20	……

"参考创业项目"仅用于参考，创业者也可根据自身想法自主选择创业项目。

附录　教育部认可的 9 项权威创新创业比赛

中国国际大学生创新大赛[①]

- **主办单位**

教育部、中央统战部、中央网信办、国家发展改革委、工业和信息化部、人力资源社会保障部、农业农村部、中国科学院、中国工程院、国家知识产权局等。

- **竞赛时间**

参赛报名：5 月—8 月

初赛复赛：6 月—8 月

总决赛：10 月

(时间仅供参考，以具体通知为准)

- **大赛简介**

中国国际"互联网+"大学生创新创业大赛(见图 I-1)是目前我国级别最高、知名度最大、覆盖院校最广、参与学生最多、国家最重视的大学生竞赛，可以称为高等教育的"奥林匹克"，由教育部、中央统战部等 12 部委和地方省级人民政府共同主办。

大赛秉持教育本色，将思想政治教育、专业教育和创新创业教育相结合，以创新引领创业、创业带动就业，以赛促学、以赛促教、以赛促创，推动高校人才培养范式发生深刻变革，实现了基础教育、职业教育、高等教育的贯通，促进了教育链、人才链与产业链、创新链有机衔接。可以说，大赛已经成为提高人才培养质量的重要举措，成为展示新时代高等教育教学改革成果的重要窗口，为新时代大学生绽放自我、展现风采、服务国家提供了新平台，为世界创新创业教育改革提供了中国智慧和中国方案。

---

① 原名为中国国际"互联网+"大学生创新创业大赛。

(1)

(2)

图 I-1　大赛现场

　　2017 年，开启了中国"互联网+"大学生创新创业大赛同期活动——"青年红色筑梦之旅"活动(见图 I-2)，至今共有 450 余万名大学生参与，共上一堂最有温度的思政大课。习近平总书记勉励参与活动的青年学子们："希望你们扎根中国大地了解国情民情，在创新创业中增长智慧才干，在艰苦奋斗中锻炼意志品质，在亿万人民为实现中国梦而进行的伟大奋斗中实现人生价值，用青春书写无愧于时代、无愧于历史的华彩篇章。"图 I-3 为习近平总书记给第三届中国"互联网+"大学生创新创业大赛"青年红色筑梦之旅"大学生的回信。

图 1-2 "青年红色筑梦之旅"活动启动仪式

第三届中国"互联网+"大学生创新创业大赛"青年红色筑梦之旅"的同学们：

来信收悉。得知全国150万大学生参加本届大赛，其中上百支大学生创新创业团队参加了走进延安、服务革命老区的"青年红色筑梦之旅"活动，帮助老区人民脱贫致富奔小康，既取得了积极成效，又受到了思想洗礼，我感到十分高兴。

延安是革命圣地，你们奔赴延安，追寻革命前辈伟大而艰辛的历史足迹，学习延安精神，坚定理想信念，锤炼意志品质，把激昂的青春梦融入伟大的中国梦，体现了当代中国青年奋发有为的精神风貌。

实现全面建成小康社会奋斗目标，实现社会主义现代化，实现中华民族伟大复兴，需要一批又一批德才兼备的有为人才为之奋斗。艰难困苦，玉汝于成。今天，我们比历史上任何时期都更接近实现中华民族伟大复兴的光辉目标。祖国的青年一代有理想、有追求、有担当，实现中华民族伟大复兴就有源源不断的青春力量。希望你们扎根中国大地了解国情民情，在创新创业中增长智慧才干，在艰苦奋斗中锤炼意志品质，在亿万人民为实现中国梦而进行的伟大奋斗中实现人生价值，用青春书写无愧于时代、无愧于历史的华彩篇章。

习近平
2017年8月15日

图 1-3 习近平总书记给第三届中国"互联网+"大学生创新创业大赛"青年红色筑梦之旅"大学生的回信

为贯彻落实党的二十大精神，深入贯彻落实习近平总书记关于教育的重要论述和给"青年红色筑梦之旅"大学生重要回信精神，"三位一体"统筹推进教育、科技、人才工作，把创新教育贯穿教育活动全过程，加强拔尖创新人才自主培养，培育新质生产力发展新动能，为教育强国建设支撑引领中国式现代化作出更大贡献，教育部定于 2024 年 4 月至 10 月举办中国国际大学生创新大赛(2024)。

- 官方网站

https://cy.ncss.cn/

- 适合参赛对象

所有专业学生

"创青春"中国青年创新创业大赛

- 主办单位

共青团中央、商务部等。

- 竞赛时间

每年 5 月—10 月

(时间仅供参考，以具体通知为准)

- 大赛简介

"创青春"中国青年创新创业大赛由共青团中央联合有关国家部委和省级地方政府共同主办，是服务青年创新创业的重要赛事，是规模较大、含金量较高的一类赛事。

- 官方网站

http://cqc.casicloud.com/

- 适合参赛对象

所有专业学生

中国大学生服务外包创新创业大赛

- 主办单位

教育部、商务部、地方人民政府

- 竞赛时间

报名阶段：每年 12 月—次年 3 月

初赛阶段：次年 4 月

全国赛决赛阶段：次年 7 月下旬

(时间仅供参考，以具体通知为准)

- 大赛简介

中国大学生服务外包创新创业大赛(以下简称大赛)，是响应国家关于鼓励服务外包产业发展、加强服务外包人才培养的相关战略举措与号召，举办的每年一届的全国性竞赛。大赛的主要目的是搭建产学结合的大学生服务外包创新创业能力展示平台；促进校企交流，促进高等教育为服务经济发展提供人才保障；宣传服务经济，提升社会公众对服务外包产业发展的关注度和重视度。大赛采用开放式的竞赛形式，经过报名参赛、自主选题、分散备赛和集中答辩的环节，评选出相应的优秀团队。往届大赛吸引了超过五百所高校和数十家产业代表企业积极参与，收到了良好的产业影响和社会效果，在全国高校与企业中的影响力也不断提升。

- 官方网站

http://www.fwwb.org.cn/

- 适合参赛对象

偏向技术命题，信息工程、电子信息、人工智能等专业学生

中国创新创业大赛

- 主办单位

科技部、财政部、教育部、中央网信办、全国工商联

- 竞赛时间

报名时间：每年 6 月下旬截止(按照广西赛区要求)

地方赛时间：每年 9 月

全国赛时间：每年 11 月中旬

(时间仅供参考，以具体通知为准)

- 大赛简介

为加强对科技型中小企业的支持与服务，助力企业复工复产，促进创新创业迈上更高水平，由科技部、财政部、教育部、中央网信办和全国工商联共同举办中国创新创业大赛。大赛以习近平新时代中国特色社会主义思想为指导，深入贯彻落实创新驱动发展战略和党中央、国务院重大决策部署，秉承"政府引导、公益支持、市场机制"的模式，聚焦国家战略和重大需求，突出战略性新兴产业重点领域，以企业为主体、市场为导向，搭建众扶平台，引导集聚政府、市场和社会资源支持创新创业，大力促进科技创新，切实增强微观主体活力，不断培育发展新动能，积极服务和推动经济高质量发展。大赛分为新一代信息技术、生物医药行业、高端设备制造、新材料、新能源、新能源汽车、节能环保等专场竞赛。

- 官方网站

http://www.cxcyds.com/

- 适合参赛对象

所有专业学生

"创客中国"中小企业创新创业大赛

- 主办单位

工业和信息化部等。

- 竞赛时间

不同专题赛事的举办时间各有不同，详情可登录官网查看。

- 大赛简介

为激发创新潜力，集聚创业资源，营造"双创"氛围，共同打造为中小企业和创客提供交流展示、产融对接、项目孵化的平台，发掘和培育一批优秀项目和优秀团队，催生新产品、新技术、新模式和新业态；提升中小企业专业化能力和水平，推动中小企业转型升级和成长为专精特新"小巨人"企业，促进大中小企业协同创新发展，助力制造强国和网络强国建设，由工业和信息化部、财政部主办"创客中国"中小企业创新创业大赛。赛事分为中小企业产教融合、生物医药等专题大赛。

- 官方网站

http://www.cnmaker.org.cn

- 适合参赛对象

所有专业学生

全国大学生电子商务"创新、创意及创业"挑战赛

- 主办单位

教育部、教育部高校电子商务类专业教学指导委员会

- 竞赛时间

校赛：3月—4月

省赛：4月—6月

国赛：7月—8月

(时间仅供参考，以具体通知为准)

- 大赛简介

全国大学生电子商务"创新、创意及创业"挑战赛(以下简称"三创赛")是激

发大学生兴趣与潜能，培养大学生创新意识、创意思维、创业能力及团队协同实战精神的学科性竞赛。"三创赛"在推动高等学校落实《教育部 财政部关于实施高等学校本科教学质量与教学改革工程的意见》、开展创新教育和实践教学改革、加强产学研之间联系等方面起到积极示范作用。

- 官方网站

http://www.3chuang.net/

- 适合参赛对象

所有专业学生

"中国创翼"创业创新大赛

- 主办单位

人力资源社会保障部

- 竞赛时间

省市级选拔赛：7 月

全国选拔赛和全国总决赛：9 月 24 日—26 日

(时间仅供参考，以具体通知为准)

- 大赛简介

"中国创翼"创业创新大赛由人力资源社会保障部主办，以"创响新时代·共圆中国梦"为主题，旨在深入实施创新驱动发展战略、优先就业战略和人才强国战略，鼓励自主创新，培育新质生产力，大力营造全社会鼓励支持创业创新的浓厚氛围和良好环境，以高质量创业带动高质量就业。

- 官方网站

http://zgcyds.newjobs.com.cn/

- 适合参赛对象

所有专业学生

全国大学生创新年会

- 主办单位

教育部高等教育司 "国创计划"专家工作组

- 竞赛时间

11 月

(时间仅供参考，以具体通知为准)

- 大赛简介

教育部高等教育司从 2008 年起，委托高校举办全国大学生创新论坛(2012 年更名为全国大学生创新创业年会)，年会遴选"国家级大学生创新创业训练计划"(以下简称"国创计划")参与项目的学生，进行学术交流和成果推介。年会主要内容包括：

> 大学生创新学术年会。遴选参加"国创计划"中创新训练项目学生的学术论文，以学术报告的形式进行学术交流。

> 大学生创新创业项目展示。遴选"国创计划"中创新训练项目、创业训练项目和创业实践项目，以展板和实物作品演示的形式进行项目交流。

> 大学生创新创业交流活动。参加年会的大学生可前往中国"互联网+"大学生创新创业大赛承办校参加相关活动。"国创计划"始终坚持"兴趣驱动、自主实践、重在过程"的理念，其实施对于教育思想观念转变，学生主体意识和创新意识的提升均发挥了重要作用。

- 官方网站

http://www.gjcxcy.cn

- 适合参赛对象

大创立项项目

中国青年志愿服务公益创业赛

- 主办单位

共青团中央、中央社会工作部、民政部、水利部、文化和旅游部、国家卫生健康委员会、中国残疾人联合会和有关省(区、市)党委、政府联合主办

- 竞赛时间

全国赛初评：10 月下旬

全国赛终评：11 月—12 月

(时间仅供参考，以具体通知为准)

- 大赛简介

中国青年志愿服务项目是中国青年志愿者行动的重要组成部分，为推动中国志愿服务事业在新时代的发展发挥了积极作用。大赛以习近平新时代中国特色社会主义思想为指导，以"志愿新时代·共筑中国梦"为主题，着力传播弘扬志愿文化，展示宣传优秀志愿服务项目，加强对基层志愿服务组织的凝聚，推动志愿服务体系建设，促进志愿服务在实践育人、社会治理、乡村振兴和新时代文明实践中发挥更加积极的作用。

- 官方网站

https://zhijh.youth.cn/

- 适合参赛对象

公益类项目

创新创业类竞赛是综合性较强的赛事，希望同学们能在大学期间敢闯会创，勇于尝试，以赛促学，以赛促创，在创新创业中增长智慧才干。

参考文献

[1] 宋京双. 大学生创新创业教育"金课"教程[M]. 北京：清华大学出版社，2021.

[2] 徐旭英. 大学创业教育的理论与案例研究[M]. 杭州：浙江工商大学出版社，2021.

[3] 李伟凤，徐绘. 大学生创新创业教育的发展模式与改革创新研究[M]. 北京：北京工业大学出版社，2022.

[4] 苗苗，沈火明. 创新创业创青春[M]. 北京：机械工业出版社，2022.

[5] 刘秀琴. 大学生创业研究：学习与能力、选择与溢出[M]. 北京：中国农业出版社，2022.

[6] 吴文清，姜欣. 创业孵化内外部网络协同及跨层次治理研究[M]. 北京：中国社会科学出版社，2023.